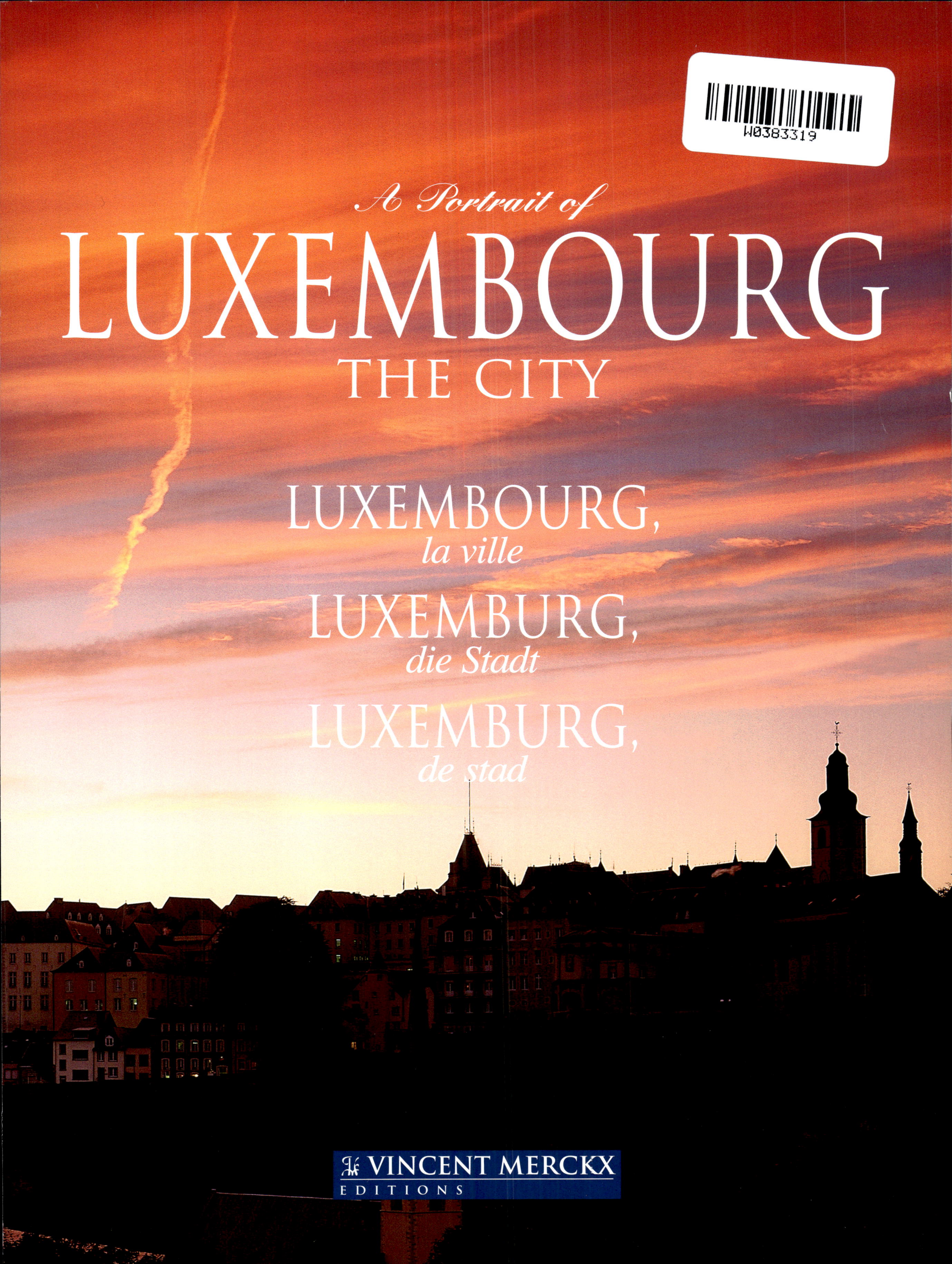

A Portrait of

LUXEMBOURG

THE CITY

LUXEMBOURG,
la ville

LUXEMBURG,
die Stadt

LUXEMBURG,
de stad

VINCENT MERCKX
EDITIONS

RESTAURANT

A Portrait of

LUXEMBOURG
THE CITY

LUXEMBOURG,
la ville

LUXEMBURG,
die Stadt

LUXEMBURG,
de stad

PHOTOS AUFNAHMEN PHOTOGRAPHS FOTO'S
VINCENT MERCKX

TEXTES TEXTE TEXTS TEKSTEN
FRANÇOIS REINERT

Dès le crépuscule, après l'agitation et les turbulences du jour, Luxembourg semble replonger dans le Moyen Âge. Vues de la Porte de Trèves, les tours de la cathédrale, du palais grand-ducal et de l'église Saint-Michel se détachent de l'horizon.

Nach der Abenddämmerung scheint Luxemburg nach der Unruhe und Ausgelassenheit des Tages wieder ins Mittelalter zu versinken. Vom Trierer Tor aus gesehen heben sich die Türme der Kathedrale, des großherzoglichen Palastes und der St. Michael-Kirche vom Horizont ab.

At dusk, after the busy comings and goings of the day, Luxembourg seems to revert to the Middle Ages. Looking from the Trier Gate, the towers of the Cathedral, of the Grand-Ducal palace and of Saint Michael's church rise above the horizon.

Zodra het gaat schemeren, lijkt Luxemburg, na alweer een jachtige dag, weer in een Middeleeuwse sfeer te baden. Gezien van aan de Trier-Poort tekenen de torens van de kathedraal, van het groothertogelijk paleis en van de Sint-Michielskerk zich af tegen de horizon.

Une nuit d'hiver à Luxembourg. Vue des hauteurs du Fetschenhaff, la vieille ville illuminée met en scène ses principaux monuments, ses rochers à-pic et ses antiques accès par la *Dinselpuert*, ou Tour Jacob, *à gauche*, et par le faubourg de Clausen et le rocher du Bock, *à droite*.

Eine Winternacht in Luxemburg. Von den Höhen des Fetschenhaff aus gesehen zeigt die beleuchtete Altstadt ihre wichtigsten Denkmäler, ihre steilen Felsen und ihre alten Zugänge durch die *Dinselpuert* oder Jakobsturm, *links*, und durch den Vorort Clausen und den Bockfelsen, *rechts*.

Looking from the Fetschenhaff heights on a winter's night, the illuminated old city of Luxembourg displays its principal monuments, its sheer cliffs and the old entrances to the city by the *Dinselpuert*, or Jacob's Tower, *left*, and by the Clausen suburb and the Bock, *right*.

Een winternacht in Luxemburg. Van hoog op Fetschenhaff ensceneert de oude verlichte stad haar belangrijkste monumenten, haar piekrotsen en haar antieke ingangen via de *Dinselpuert*, of de Jakobstoren, *links*, en via de buitenwijk Clausen en de rots van de Bock, *rechts*.

L'été à Luxembourg invite à une promenade le long de la corniche, l'ancienne fortification de la ville haute. Elle offre des vues spectaculaires sur la vallée de l'Alzette et le faubourg du Grund, ou *Gronn* en Luxembourgeois.

Der Sommer in Luxemburg lädt zu einem Spaziergang entlang der Corniche, der ehemaligen Festungsanlage der Oberstadt ein. Sie bietet eine atemberaubende Aussicht auf das Alzette-Tal und den Vorort Grund, der auf Luxemburgisch *Gronn* genannt wird.

In summer, a walk along the Corniche built on the old city walls of Luxembourg offers spectacular views of the Alzette valley and the Grund suburb, called *Gronn* in the Luxembourg tongue, below.

De Luxemburgse zomer nodigt uit voor een wandeling langs de Corniche, de oude versterking van de bovenstad, met opzienbarende uitzichten over de vallei van de Alzette en de randstad Grund, of *Gronn* in het Luxemburgs.

La haute tour de la Banque et Caisse d'Épargne de l'État domine la ville et le val de la Pétrusse depuis 1913.

Seit 1913 beherrscht der hohe Turm der Staatsbank und Staatssparkasse die Stadt und das Petruss-Tal.

The tall tower of the State Savings Bank has dominated the city and the Pétrusse valley since 1913.

De hoge toren van de Staatsspaarbank domineert de stad en de vallei van de Pétrusse al sinds 1913.

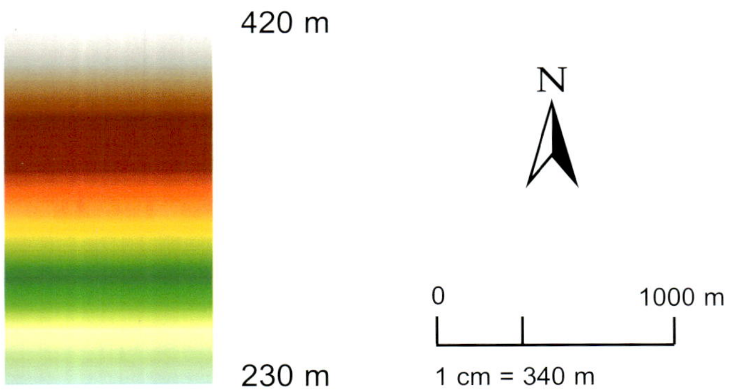

Les numéros renvoient à la carte ci-contre et au plan du centre-ville, page suivante.

Die Nummern verweisen auf die nebenstehende Karte und auf den Stadtplan auf derfolgenden Seite.

The numbers correspond to those of the map opposite and to the plan of the city centre on the following page.

De nummers refereren naar de landkaart hiernaast en het stadsplan op de volgende bladzijde.

1 Bock
2 *Schlassbréck*, Schlossbrücke
3 *Huelen Zant*, la Dent Creuse • der Hohle Zahn • the Hollow Tooth • de Holle Tand
4 casemates du Bock • Bockkasematen • Bock casemates • kazematten van de Bock
5 hospice civil • Zivilhospiz • civic hospice • burgerlijk gasthuis
6 Trois Tours • Drei Türme • Three Towers • Drie Torens
7 rue Wiltheim
8 église Saint-Michel • St. Michael-Kirche • Saint Michael's church • Sint-Michielskerk
9 corniche
10 *Bredewee*, Hellepuert
11 *Kraizgank*
12 maison *Ënnert de Stailer* • Haus *Ënnert de Stailer* • *Ënnert de Stailer* house • huis *Ënnert de Stailer*
13 maison *am Tïrchen* • Haus *am Tïrchen* • *am Tïrchen* house • huis *am Tïrchen*
14 Marché-aux-Poissons
15 Musée national d'Histoire et d'Art • Nationales Museum für Geschichte und Kunst • National Museum of History and Art • Nationaal Museum van Geschiedenis en Kunst
16 Musée d'Histoire de la ville de Luxembourg • Historisches Museum der Stadt Luxemburg • Museum of the History of the City of Luxembourg • Geschiedkundig Museum van de stad Luxemburg
17 rue du Marché-aux-Herbes
18 palais grand-ducal • großherzoglicher Palast • Grand Ducal palace • groothertogelijk paleis
19 Chambre des Députés • Abgeordnetenkammer • Chamber of Deputies • Kamer van Afgevaardigden
20 crypte archéologique • archäologische Krypta • archaeological crypt • archeologische crypte
21 cathédrale • Kathedrale • Cathedral • kathedraal
22 anc. refuge de l'abbaye Saint-Maximin • ehem. Refugium der Abtei St. Maximin • former refuge of Saint Maximin's Abbey • voorm. refugehuis van Sint-Maximinusabdij
23 maison de Bourgogne • House of Burgundy • huis van Bourgondië
24 église protestante • protestantische Kirche • Protestant Church • protestantse tempel
25 bastion Beck • Bastion Beck • Beck Bastion
26 *Gelle Frau*
27 *Knuedeler*, place Guillaume II
28 hôtel de ville • Stadthaus • City Hall • stadhuis
29 maison de Raville • Haus von Raville • Raville House • huis van Raville
30 place d'Armes
31 *de Rouden Pëtz*, place Puits Rouge
32 maison *Le Cygne* • Haus *Der Schwan* • *The Swan* House • huis *De zwaan*
33 Grand-Rue
34 *Nei Bréck*, pont Adolphe • Adolfs-Brücke • Adolph Bridge • Adolphebrug
35 avenue de la Liberté
36 rue Goethe
37 Villa Clivio
38 boulevard de la Pétrusse
39 chapelle Saint-Quirin • Kapelle St. Quirinus • kapel van Sint-Quirinus • Saint Quirin's Chapel
40 *Maierchen*, écluse fortifiée • befestigte Schleuse • fortified lock • versterkte sluis
41 *Ampoléong Bounepart*, statuette de Napoléon • kleine Napoleon-Statue • little statue of Napoleon • beeldje van Napoleon
42 Montée du Grund
43 *Naturmusée*, musée d'Histoire naturelle • Naturhistorisches Museum • Museum of Natural History • Natuurhistorisch Museum
44 église Saint-Jean • Johanneskirche • Saint John's church • Sint-Janskerk
45 abbaye de Neumünster • Abtei Neumünster • Neumünster Abbey • abdij van Neumünster
46 *Stierchen*, pont fortifié • befestigte Brücke • fortified bridge • versterkte brug
47 *Dinselpuert*, tour Jacob • Jakobsturm • Jacob's Tower • Jakobstoren
48 tours du Rham • Türme des Rham • Rham towers • toren van de Rham
49 tours Vauban • Vauban-Türme • Vauban towers • Vauban torens
50 Fort Niedergrünewald
51 Fort Obergrünewald
52 Les Trois Glands • Die Drei Eicheln • The Three Acorns • De Drie Eikels
53 Fort Thüngen
54 Grand Théâtre de Luxembourg
55 Pont Rouge • Rote Brücke • Red Bridge • Rode Brug
56 tour Malakoff • Malakoff-Turm • Malakoff tower • Malakoff toren
57 rocher de Weimershof • Felsen von Weimershof • Weimershof Rock • rots van Weimershof
58 anc. brasserie Mousel • ehem. Brasserie Mousel • former Mousel Brewery • voorm. Brasserie Mousel
59 *Schläifmillen*
60 *Gantebeensmillen*
61 gare • Bahnhof • Railway Station • station

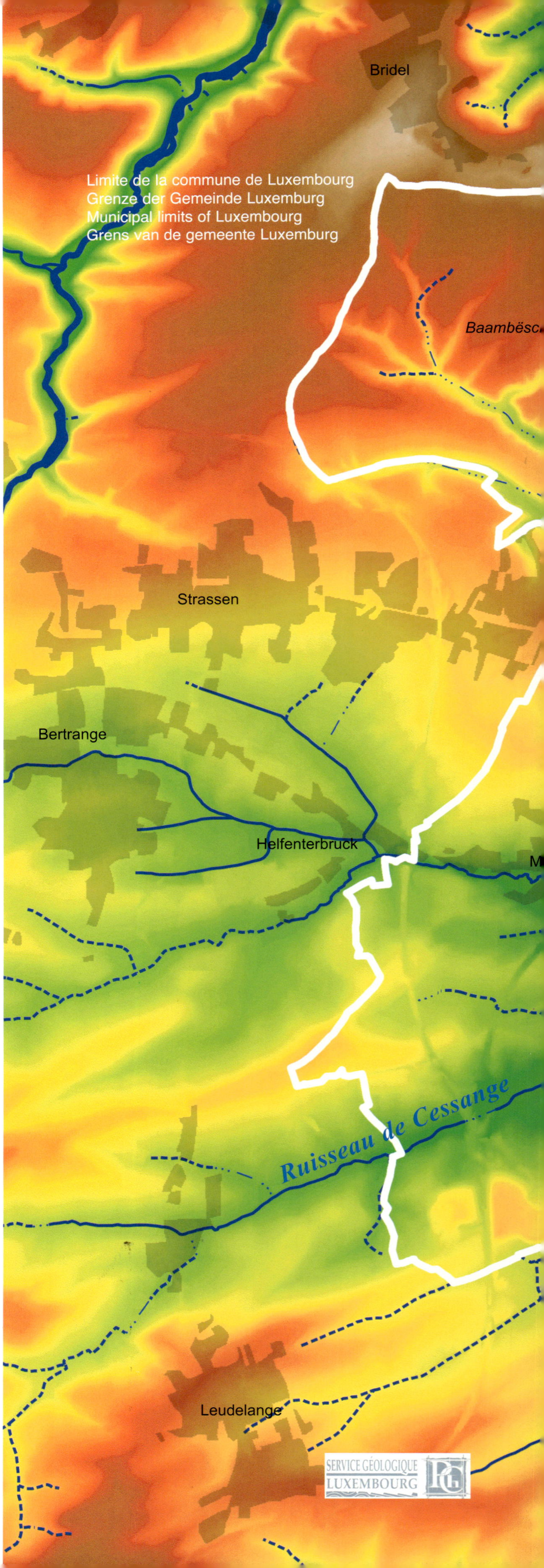

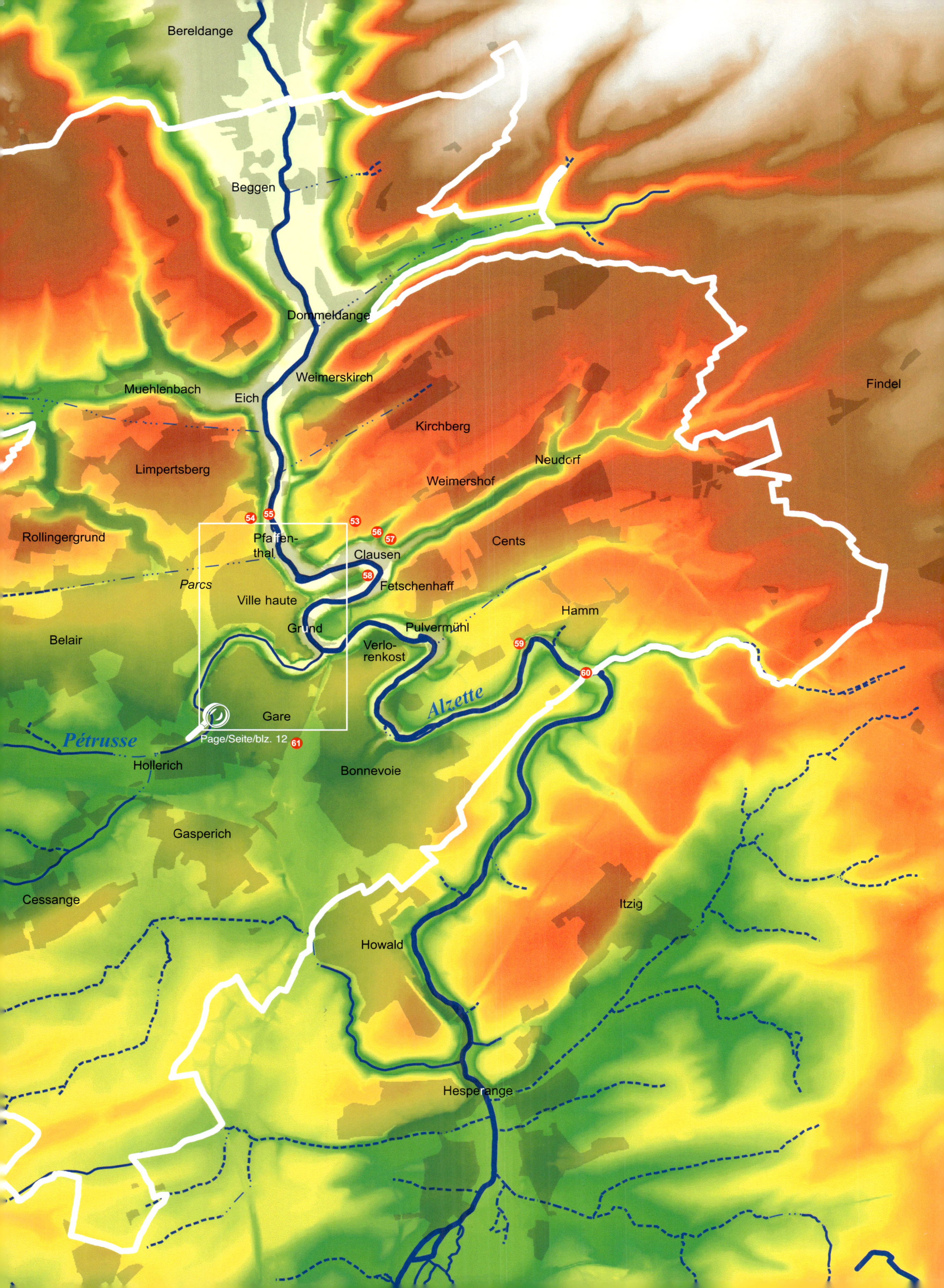

Bereldange
Beggen
Dommeldange
Weimerskirch
Muehlenbach
Eich
Findel
Kirchberg
Neudorf
Limpertsberg
Weimershof
54
55
53
56
57
Rollingergrund
Pfaffen-
thal
Clausen
Cents
58
Fetschenhaff
Parcs
Ville haute
Hamm
Grund
Pulvermühl
Belair
Verlo-
renkost
59
60
Alzette
Gare
Pétrusse
Page/Seite/blz. 12
61
Hollerich
Bonnevoie
Gasperich
Cessange
Itzig
Howald
Hesperange

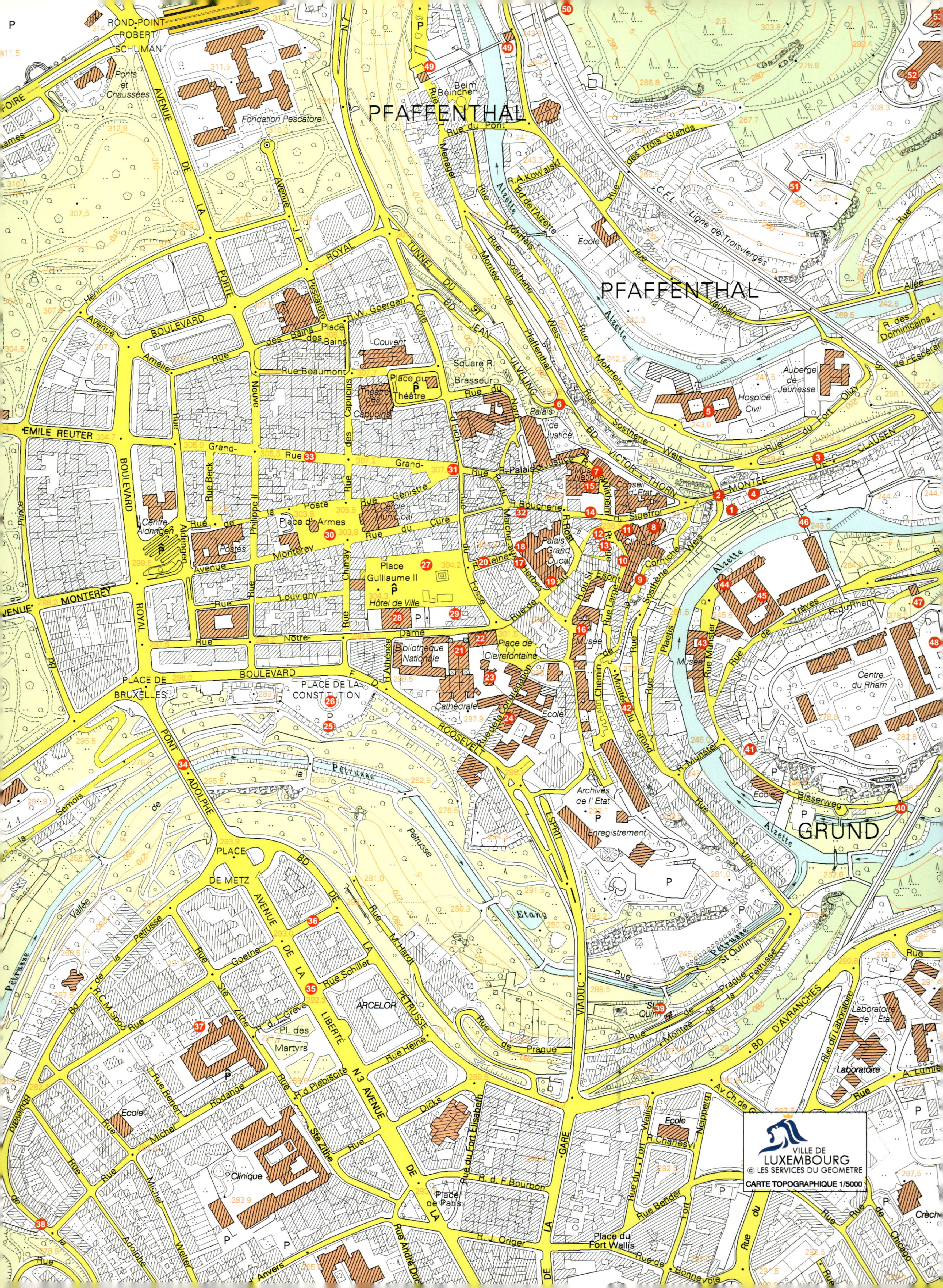

PFAFFENTHAL
PFAFFENTHAL
GRUND
ROND-POINT ROBERT SCHUMAN
Fondation Pescatore
Ports et Chaussées
BOULEVARD EMILE REUTER
BOULEVARD ROYAL
AVENUE DE LA PORTE
BOULEVARD ROYAL
TUNNEL DU ST JEAN
Côte d'Eich
Rue du Pont
Rue des Trois Glands
Ligne de Troisvierges
Alzette
Ecole
Couvent
Place du Théâtre
Théâtre des Capucins
Square R. Brasseur
Palais de Justice
Musée National
Conseil d'Etat
Palais Grand Ducal
Place Guillaume II
Hôtel de Ville
Place d'Armes
Cercle Municipal
Poste
Postes
Centre Aldringen
Grand-Rue
Rue Beaumont
Place des Bains
AVENUE MONTEREY
Bibliothèque Nationale
Place de Clairefontaine
Cathédrale
PLACE DE BRUXELLES
PLACE DE LA CONSTITUTION
BOULEVARD F. D. ROOSEVELT
PONT ADOLPHE
Pétrusse
Archives de l'Etat
Enregistrement
Etang
VIADUC
PLACE DE METZ
AVENUE DE LA LIBERTÉ
N3 AVENUE DE LA GARE
ARCELOR
Pl. des Martyrs
Clinique
Place de Paris
Place du Fort Wallis
BD D'AVRANCHES
Centre du Rham
Musée
Auberge de Jeunesse
Hospice Civil
Montée de Clausen
Bisserweg
Laboratoire de l'Etat
Laboratoire
Crèche
VILLE DE LUXEMBOURG
© LES SERVICES DU GEOMETRE
CARTE TOPOGRAPHIQUE 1/5000

TABLE DES MATIÈRES • INHALTSVERZEICHNIS • TABLE OF CONTENTS • INHOUDSTAFEL

Huit siècles d'histoire urbaine
Acht Jahrhunderte Stadtgeschichte
Eight Centuries of City History
Acht eeuwen geschiedenis van een stad

Si des découvertes archéologiques démontrent que le plateau au confluent de la Pétrusse et de l'Alzette était déjà occupé par l'Homme au cours du premier âge du fer, soit avant le Ve siècle av. J.C., nous ne disposons plus par la suite du moindre indice jusqu'à l'époque romaine. Une route venant de Reims traversait alors la ville et se prolongeait vers Trèves. Des trouvailles isolées indiquent son tracé à travers la vieille ville et les quartiers du Pfaffenthal et de Clausen. Par le caractère stratégique du site du Bock – un éperon rocheux facilement défendable – il est tout à fait possible qu'une fortification du Bas-Empire romain (fin IVe-Ve siècles après J.C.) y ait été implantée.

Une nouvelle césure intervient alors jusqu'aux IXe et Xe siècles, mis à part quelques tombes franques du VIIe siècle.

Du château à la ville

En 963, le site de Luxembourg sort enfin de l'ombre. Le comte Sigefroid acquiert de l'abbaye Saint-Maximin de Trèves le rocher du Bock avec, à ses pieds, la boucle de l'Alzette où des moulins sont déjà attestés dès 926, ce qui laisse supposer qu'il s'y trouvait déjà un habitat relativement peuplé. Sigefroid y construira son château, la *Lucilinburhuc*. Ce n'était alors qu'une modeste tour protégée d'une palissade. En 987, le comte fondera une église collégiale, la future église Saint-Michel. Artisans et commerçants s'implantent bientôt devant le château, un marché se développe. Ce noyau pré-urbain est protégé par une enceinte constituée d'un fossé et d'un rempart en terre, qui englobe à peu près la vieille ville et le Marché-aux-Poissons actuels. En 1087, l'habitat s'est diversifié le long de l'Alzette, des pêcheurs, des meuniers et des boulangers s'y sont installés tandis qu'une abbaye bénédictine est fondée en 1083 sur le plateau d'Altmünster par le comte Conrad. Celui-ci est le premier à s'établir définitivement à Luxembourg et à se nommer d'après son château autour duquel sera constitué le comté.

Le processus aurait pu s'arrêter là et Luxembourg serait resté un simple château comtal avec son bourg. Mais l'expansion dynamique se poursuivit et les avantages du site continuèrent de drainer de nouveaux habitants. En 1166, l'existence d'un nouveau marché, d'une «Neuve Ville», est mentionnée, centré sur l'actuel Marché-aux-Herbes. Peu après, dans le dernier quart du XIIe siècle, sous le règne du comte Henri IV de Namur-Luxembourg (1136-1196), un mur de ville est construit en pierre de taille. Longue de 850 mètres et d'une hauteur variant entre sept et dix mètres, cette seconde enceinte est défendue par un fossé profond de six mètres et large de vingt. Elle accroît la surface de la ville de 1,5 à cinq hectares.

Le mur délimite juridiquement la ville de la campagne, il est le symbole même de la ville médiévale. Ce n'est qu'à partir de sa construction que nous pouvons véritablement parler de «ville». Cette évolution sera finalement confirmée en 1244 par la comtesse Ermesinde (1196-1247) qui accorde la charte d'affranchissement à Luxembourg. Le pâté de maisons des rues du Marché-aux-Herbes et du Fossé suivent le contour de l'enceinte, le mur ayant aujourd'hui disparu.

Dès lors, le nombre d'habitants augmenta continuellement et, en 1311, ils peuvent être estimés à 5000, ce qui fait de Luxembourg une ville moyenne au Moyen Âge. Les maisons en pierre avec de vastes caves remplacent progressivement les anciennes constructions en bois, fixant ainsi définitivement le plan parcellaire de la ville. Et, à partir du XIVe siècle, la ville se dote de maisons représentatives: de plus en plus de nobles établissent leur «résidence secondaire» en ville et les abbayes y créent non moins de sept refuges. Les bourgeois et marchands les plus riches, qui étaient également échevins et justiciers, habitaient alors aux alentours du Vieux Marché, tandis que la ville basse était le quartier des tanneurs et autres artisans.

La construction de la grande enceinte – la troisième – fut commencée sous Jean l'Aveugle entre 1325 et 1340, prit plus d'envergure sous Wenceslas et continua encore durant tout le XVe siècle. Longue de 1850 mètres, elle englobe le quartier du Grund et le plateau du Rham, sur l'autre rive de l'Alzette. Elle fit passer la superficie de Luxembourg de 5 à 22,74 hectares mais elle renferme encore, en 1560, de vastes surfaces libres. Hérissée d'une quarantaine de tours, elle ne remplit pas seulement une fonction défensive mais a surtout un rôle symbolique et de représentation. Ce qui n'empêcha pas la prise de la ville par le duc de Bourgogne Philippe le Bon en 1443 ni le pillage qui s'ensuivit.

Luxembourg devient forteresse

Deux incendies et une guerre marquent la fin des structures d'habitat moyenâgeuses.

Le 30 juin 1509, une grande partie de la ville haute autour de l'église Saint-Michel fut la proie des flammes. À peine remise de cette catastrophe, la guerre que se livraient le roi de France François Ier et l'empereur Charles Quint apporta de 1542 à 1544 son lot de destructions. Et elle montra la faiblesse des fortifications médiévales – les dernières constructions remontaient à 1478-79 – mal préparées pour affronter une attaque aux boulets de fonte de l'artillerie moderne. Ces combats endommagèrent l'ancien château des comtes, qui devra par la suite définitivement céder à des impératifs militaires. En 1555 et 1556, la destruction du château qui donna son nom à la dynastie marque la fin symbolique du passé médiéval de la ville.

Lancée en 1547-48, la transition de la ville fortifiée médiévale à la forteresse moderne ne s'est d'abord faite que de manière imparfaite. En réalité, il s'est agit d'une moder-

◂◂

En-dessous du rocher du Bock, où s'élevait jadis le château de Luxembourg, s'étend la ville basse du Grund avec l'abbaye de Neumünster rénovée. Au-delà, au plateau du Rham, sont conservées six tours de la troisième enceinte du XIVe siècle et les anciennes casernes de Vauban de 1685.

Unterhalb des Bockfelsens, auf dem sich früher die Burg der Luxemburger Grafen erhob, erstreckt sich die Unterstadt Grund mit der renovierten Abtei Neumünster. Etwas weiter, auf dem Rham-Plateau, sind sechs Türme der dritten Ringmauer aus dem 14. Jahrhundert und die Kasernen von Vauban von 1685 erhalten.

The lower suburb of Grund with the renovated Abbey of Neumünster spreads out below the rock of Bock where the castle of Luxembourg once rose. Beyond, on the plateau of Rham, may be seen six towers of the third walls of the 14th century and the barracks of Vauban.

Onder aan de rots van de Bock, waar eertijds het kasteel van Luxemburg oprees, strekt zich de benedenstad van Grund uit, met de vernieuwde abdij van Neumünster. Iets verder, op het Rham-plateau, bleven nog zes torens bewaard van de derde omwalling uit de veertiende eeuw en de kazernes van Vauban.

nisation de l'enceinte du Moyen Âge : celle-ci est doublée d'une terrasse en terre qui à la fois la soutient et permet d'accueillir des pièces d'artillerie, les tours sont détruites jusqu'à hauteur des remparts, cessant ainsi d'être des cibles faciles pour l'artillerie ennemie, les fossés sont élargis. Seul le bastion Marie adopte une forme régulière, inaugurant ainsi le nouveau système de fortification inventé en Italie. Par la suite, la ville sera entourée d'une série de bastions de forme pentagonale revêtus de maçonnerie; remplis de terre, ils absorbent les boulets au lieu d'éclater sous leur impact.

Le 11 juin 1554, la foudre mit le feu à un dépôt de poudre dans le grenier de l'église des Franciscains. L'explosion propagea l'incendie à l'hôtel de ville et à l'ensemble de la ville haute. Ceci porta le coup de grâce à l'architecture médiévale de la ville. La reconstruction dura vingt ans et fut seulement achevée avec l'édification du nouvel hôtel de ville. Afin de mettre sa belle façade mieux en valeur, une nouvelle voie, la rue de la Reine, fut percée jusqu'au mur de la ville à travers les ruines de maisons incendiées. Tandis que Luxembourg se fortifie vers l'extérieur, elle s'embellit à l'intérieur et le style de la Renaissance qui se propage alors dans la ville est lié au nom de Pierre-Ernest de Mansfeld, gouverneur du duché de 1545 à 1604, qui construisit son merveilleux château «La Fontaine» à Clausen.

En 1597, les tentatives françaises de prendre la ville échouent. Les travaux entrepris par les Espagnols en ont fait une véritable forteresse, impossible à enlever sans entreprendre un siège long et coûteux. Mais les Français se rapprochent de plus en plus: la forteresse de Thionville, la clé du duché de Luxembourg, est prise en 1643, Montmédy tombe en 1657 et, lors de la paix des Pyrénées de 1659, tout le sud du duché est cédé à la France. La forteresse de Luxembourg est désormais en première ligne, sans avant-poste pour assurer sa défense.

Il devient dès lors impératif de relancer les travaux de fortification. Ceux-ci portèrent sur le front de la plaine à l'ouest, le plus exposé, qui se voit pourvu d'une deuxième ceinture bastionnée et, en 1671, il est ordonné d'abattre une centaine de maisons de la ville basse du Grund et dans la Montée du Pfaffenthal «pour rendre ces fortifications de plus facile défense».

Leurs habitants expropriés et indemnisés se fixent dans la ville haute dans les nouvelles rues Monterey, Chimay et Louvigny. Ainsi, l'habitat autour de la place d'Armes se densifie, tandis que d'importants bâtiments religieux sont construits depuis le début du XVIIIe siècle, comme le collège et l'église des Jésuites qui occupent une bonne partie du sud de la ville.

Du 22 au 25 décembre 1683, le maréchal de Créqui fait bombarder Luxembourg, puis se retire. Mais les 6000 projectiles tirés du haut de Fetschenhaff avaient sérieusement endommagé la ville. Le siège du 20 avril au 3 juin 1684 allait être pire encore. Opposés aux 18 720 fantassins et 5880 cavaliers français, les 4000 hommes de la garnison espagnole s'étaient retranchés dans la forteresse. L'on dénombra 36 410 coups de canons tirés et 5500 bombes; après un tel traitement, il n'y avait guère dix maisons qui n'étaient pas endommagées par les tirs, la ville basse étant quant à elle entièrement détruite. Le bombardement français signifia la fin définitive des anciennes maisons. Elles seront presque toutes reconstruites de la fin du XVIIe au XVIIIe siècle.

Vauban qui avait personnellement dirigé les opérations du siège connaît le site et ses faiblesses. Dès juillet 1684, il met en marche un vaste programme de restructuration de la forteresse. Ces travaux énormes, qui allaient durer douze ans, conférèrent à la ville la silhouette caractéristique qu'elle a conservée jusqu'à nos jours. Vauban détruit une grande partie de l'enceinte médiévale, notamment entre le bastion du Bock et celui du Saint-Esprit, il intègre la ville basse du Pfaffenthal dans l'enceinte, construit les forts d'Ober- et Niedergrünewald sur les hauteurs à l'est et entame la construction de plusieurs casernes, notamment celles du plateau du Rham qui existent encore aujourd'hui.

Les Autrichiens entrent dans la forteresse le 15 janvier 1715. Ils y resteront jusqu'en 1795.

À partir de 1726, ils complètent les travaux de Vauban et lancent à leur tour, sur tous les fronts, des chantiers gigantesques. Ce sont surtout leurs travaux qui vaudront à Luxembourg son surnom de «Gibraltar du Nord». Là où ils ne construisent pas de nouveaux forts, ils renforcent les bastions, ils creusent des casemates sous le Bock, dans la Montée de Pfaffenthal et dans le flanc de la vallée de la Pétrusse, ainsi que 23 kilomètres de galeries.

Bientôt, les hostilités reprennent avec la Révolution française: la France déclare la guerre en 1792 à l'empereur d'Autriche. Plutôt que d'assiéger Luxembourg, les Français instaurent un blocus. Et, le 7 juin 1795, au bout de six mois, manquant de vivres et de bois, la garnison autrichienne forte de 12 396 hommes capitule. Grâce au blocus, Luxembourg et la forteresse s'en sortent cette fois-ci presque indemnes. Le duché de Luxembourg sera le Département des Forêts jusqu'à la fin de l'empire de Napoléon.

À la fin du XVIIIe siècle, les monastères de Luxembourg furent soit supprimés suite à l'édit de 1783 de l'empereur d'Autriche Joseph II contre les ordres contemplatifs, soit vendus comme «biens nationaux» par les Français. Ceci ouvre, à l'intérieur des murs, de nouvelles possibilités en matière d'urbanisme. Ainsi, l'église des Jésuites – l'actuelle cathédrale – est transformée en église paroissiale ce qui permet de détruire l'église Saint-Nicolas en 1779. Il est également frappant de constater que la plupart des principaux édifices civils actuels de Luxembourg datent du XVIIIe siècle. Les bâtiments les plus luxueux sont alors les refuges des abbayes, comme celui de Saint-Maximin – l'actuel Ministère des Affaires Étrangères. Lors des guerres incessantes du XVIIe siècle, disposer d'un refuge à l'intérieur des remparts de la place forte était, pour les abbayes, une nécessité; avec le retour de la stabilité politique sous le régime autrichien, ils devinrent des vastes demeures où les abbés, de hauts dignitaires de l'Église, venaient non plus se réfugier mais résider en ville.

Capitale du grand-duché

Après la chute de l'empire napoléonien, le Congrès de Vienne (1814-1815) inventa pour le Luxembourg une solution aussi compliquée qu'étonnante : le duché devenu grand-duché fut donné en patrimoine familial personnel à Guillaume Ier, roi des Pays-Bas. La ville de Luxembourg, quant à elle, devenait une forteresse fédérale de la Confédération germanique hébergeant une garnison prussienne.

Suite au traité de partage de 1839, qui sépare le grand-duché actuel de sa partie francophone dévolue à la Belgique, le pays est doté d'une administration à part et la ville de Luxembourg devient capitale. Ce nouveau statut imposa, dans l'espace restreint de la ville haute, l'acquisition ou la construction de bâtiments officiels, tel l'Hôtel de la Chambre des Députés, destinés aux institutions gouvernementales du nouvel État, alors que la majeure partie des bâtiments représentatifs sont déjà occupés par l'administration de la ville et celle de la garnison. À ces changements s'ajoute la recherche d'une résidence princière. Le prince Henri, frère du roi grand-duc Guillaume III (1849-1890), nommé lieutenant-représentant le 5 février 1850, a besoin d'une résidence en ville. Il la trouvera finalement dans l'ancien hôtel de ville. Lorsque le trône grand-ducal passe en 1890 à la Maison de Nassau-Weilburg, le bâtiment est alors définitivement aménagé en palais grand-ducal.

Le cœur de la vieille ville acquit enfin le visage de capitale que nous connaissons.

Le démantèlement de la forteresse

Mais revenons à la fortification. Les Prussiens ne font pas les choses à moitié. Ils modernisent la forteresse, construisent des viaducs pour le chemin de fer – ce qui changera profondément l'aspect de la ville – ainsi que des forts pour les protéger.

Le Traité de Londres du 11 mai 1867 mettra fin à cette course à la modernisation militaire du site, grande consommatrice de terrain, et évitera une nouvelle fermeture de la ville. Les articles IV et V du Traité déclarent en effet que la ville de Luxembourg cessera d'être une ville fortifiée et sera convertie en ville ouverte par la démolition de la forteresse. Les 4000 hommes de la garnison prussienne se retirèrent le 9 septembre 1867.

À peine deux mois plus tard toutes les portes étaient ouvertes et les fossés comblés. En 1868-1869, la percée de grandes avenues prolongeant les rues de la vieille ville vers l'ouest rétablit d'anciennes liaisons avec l'extérieur de la forteresse. Entre 1868 et 1879, la ville fut un immense chantier – les travaux ayant été accélérés en 1870 et 1871 afin d'éviter toute implication de Luxembourg dans le conflit franco-allemand. Le démantèlement fut officiellement achevé le 22 juin 1883.

Son coût astronomique, 1.800.000 francs, fut largement amorti par la vente des anciens terrains militaires. Le rayon non-constructible autour de la forteresse, qui depuis 1749 bloquait l'extension de la ville, fut aboli. 177 hectares devinrent disponibles d'un seul coup, étendue énorme à comparer aux 127 hectares de la ville haute et des quartiers suburbains. L'État luxembourgeois s'attribua les terrains libérés tandis que la ville obtint un dédommagement, ce qui fit dire à Eyschen, directeur général de la Justice en 1884, que «la création de la nouvelle ville de Luxembourg est l'œuvre particulière et exclusive de l'État».

Hélas, alors qu'ils détenaient une occasion unique de créer une vraie capitale avec une urbanisation bien structurée, des avenues, des espaces verts, des places, les habitants de la ville enfermés pendant des siècles dans l'ancienne forteresse manquèrent cruellement d'ouverture d'esprit et surtout du courage dont ils avaient pourtant fait preuve pour raser des monuments historiques. Malgré quelques visionnaires comme le ministre d'État Paul Eyschen et des études et plans détaillés, peu de projets furent réalisés.

Au temps de la forteresse, Luxembourg n'avait connu que peu de verdure et de lumière. Les maisons se serraient les unes contre les autres le long de ruelles étroites, les habitants vivaient entassés, avec des soldats sous leur toit. Les «places» du vieux et du nouveau marché ne méritaient pas vraiment ce nom. La ville commença à s'aérer quelquepeu au cours du XVIe siècle avec la création de la place d'Armes et l'ouverture de la rue de la Reine devant le palais. Mais c'est vers le XVIIIe siècle qu'une politique de destruction du patrimoine architectural mal-aimé trouve ses racines. En effet, dans le même but d'«aération», l'église Saint-Nicolas au Marché-aux-Herbes fut rasée en 1779; le Conseil Provincial est démoli à la même époque, ce qui donna lieu à la création involontaire du Marché-aux-Poissons. La place Guillaume ou Knuedeler paraît bien vide depuis 1830, année au cours de laquelle on rasa le couvent des Cordeliers.

Ce mouvement reprit en force dans les années 1930. À des fins «d'assainissement», le quartier des XVIe-XVIIIe siècles proche de la cathédrale fut rasé au profit d'une discutable extension de la cathédrale et du vide d'une «place» de Clairefontaine. Rasées, les maisons du Breitenweg, plusieurs maisons de la rue du Rost, les casernes historiques du Pfaffenthal et du Saint-Esprit, celles-ci à partir des années 50. Et ça continue, bien qu'il ne reste plus grand chose à détruire...

La population augmenta de 24 204 à 45 144 habitants entre 1865 et 1910, et l'essor économique conduisit à une forte demande de terrains.

Au début des années 1870, le boulevard Royal ainsi que le boulevard du Prince Henri furent construits sur l'ancien fossé. La haute bourgeoisie ne tarda pas à se faire ériger des maisons de maître le long des nouveaux boulevards, près du parc public de la «couronne verte» aménagé sur les forts du front de la plaine à l'ouest. L'absence de stricte réglementation permit la naissance d'un quartier d'une grande diversité architecturale mais guère cohérent; les maisons y hésitaient entre les styles néo-Renaissance, néo-baroque et néo-classique.

Le parc de vingt hectares, créé selon les plans établis en 1871 par l'architecte-paysagiste français Edouard André (1840-1911), résulta en premier lieu du souci assez terre-à-terre de soustraire du marché une partie des nouveaux terrains afin d'éviter une chute des prix. Ce parc devait se prolonger jusqu'à la vallée de la Pétrusse, doublé d'une promenade sur les hauteurs qui fut finalement créée entre 1882 et 1910. Dans une recherche de romantisme et de pittoresque, suite aussi aux conseils de la «Société pour la recherche et la conservation des monuments historiques», quelques éléments de la forteresse comme le fort Thüngen, la Tour Malakoff ou quelques échauguettes furent intégrés dans le parcours.

La deuxième étape importante de l'agrandissement de la ville constitue l'urbanisation du Plateau Bourbon, de l'autre côté du ravin de la Pétrusse face à la vieille ville. Elle fut rendue possible par la construction du monumental Pont Adolphe (1903) d'après les plans de l'ingénieur Paul Séjourné. Paul Eyschen, président du gouvernement (1888-1915) et ancien ministre de la Justice et des Travaux Publics, soutint ce projet, qui est approuvé en 1906 et dont la mise en œuvre s'étend jusqu'aux années 1920. Eyschen voulut faire de Luxembourg une vraie capitale, lui conférant un aspect à la fois monumental et pittoresque. Menant à la gare, l'avenue de la Liberté large de 34 mètres est sensée devenir une artère à caractère monumental. Les constructions n'y seront pas des maisons individuelles de hauteurs différentes et aux façades mal alignées comme au boulevard Royal, mais des immeubles à appartements à façade en pierre de taille. La place de Metz à la sortie du Pont Adolphe a un caractère majestueux grâce à deux grands édifices symétriques, le siège de la Caisse d'Épargne et celui des Chemins de Fer. Le «beffroi» de la Caisse d'Épargne, à la pointe du promontoire, se veut une réponse à la tour de Saint-Michel au nord et à celle de la gare au sud.

L'urbanisation du plateau du Kirchberg

Une situation fort analogue à celle du Plateau Bourbon se présenta lors de l'urbanisation du plateau du Kirchberg, à l'est de la ville. Là aussi, la construction en 1963-1964 du pont Grande-Duchesse Charlotte ou *Roud Bréck* (pont rouge) permit l'urbanisation de ce vaste plateau de plus de 300 hectares, destiné en premier lieu aux institutions européennes puis aux banques. Et la tour Heichhaus renvoie par sa situation exposée aux autres tours de la ville.

Les premiers bâtiments du Kirchberg étaient des immeubles solitaires, sans rapport entre eux. Depuis le début des années 1990, les banques, pour la plupart érigées sur une identique parcelle de 27 mètres sur 144, soignent de plus en plus leur apparence: œuvres d'art, architectes de renom, jardins. Une certaine humanisation de ce qui fut longtemps un désert architectural devient ainsi perceptible. Le tissu urbain se densifie en faveur d'un ensemble multifonctionnel au lieu de la monoculture des institutions européennes. En effet, de plus en plus de constructions destinées à des activités culturelles, comme les nouveaux Musée d'Art Moderne Grand-Duc Jean et la Philharmonie, et de loisirs comme la Coque s'y installent.

ARCHÄOLOGISCHE Funde belegen, dass das Plateau am Zusammenfluss von Petruss und Alzette bereits in der ersten Eisenzeit, also noch vor dem 5. Jh. v. Chr., von Menschen bewohnt war; danach verfügen wir jedoch bis zur römischen Epoche über keinerlei Hinweise. In dieser Zeit durchquerte eine Straße von Reims kommend die Stadt und führte weiter in Richtung Trier. Einzelne Funde zeigen deren Verlauf durch die Altstadt und die Viertel Pfaffenthal und Clausen. Angesichts der strategischen Ausrichtung des Standorts des Bock – ein leicht zu verteidigender Felsvorsprung – ist es durchaus möglich, dass sich dort im römischen Kaiserreich (Ende 4.-5. Jh. n. Chr.) eine Befestigungsanlage befunden hatte.

Es folgt erneut eine Zäsur bis ins 9. und 10. Jh. hinein, mit Ausnahme einiger fränkischer Gräber aus dem 7. Jh.

Von der Burg zur Stadt

Im Jahre 963 trat der Standort Luxemburg endlich aus seinem Schattendasein heraus. Graf Siegfried erwarb von der Abtei St. Maximin in Trier den Bock-Felsen mit der Alzette-Schleife zu Füßen, wo schon für das Jahr 926 Mühlen nachgewiesen wurden, was darauf schließen lässt, dass sich dort bereits eine größere Siedlung befand. Siegfried erbaute an dieser Stelle seine Burg, die Lucilinburhuc, damals nur ein bescheidener, von einer Palisade geschützter Turm. 987 gründete der Graf eine Kollegialkirche, die spätere St. Michael-Kirche. Bald ließen sich Handwerker und Händler vor der Burg nieder, ein Markt entwickelte sich. Dieser vorstädtische Kern wurde von einer Ringmauer aus einem Graben und einem Erdwall geschützt, die ungefähr die heutige Altstadt und den Fischmarkt umgab. 1087 siedelten sich auch Fischer, Müller und Bäcker entlang der Alzette an, und auf dem Plateau von Altmünster gründete Graf Conrad im Jahre 1083 eine Benediktinerabtei. Graf Conrad ließ sich dann auch als erster endgültig in Luxemburg nieder und benannte sich nach seiner Burg, um die herum sich die Grafschaft aufbauen sollte.

Hier hätte die Entwicklung enden können und Luxemburg wäre eine einfache Grafenburg mit einem Marktflecken geblieben. Doch die dynamische Expansion ging weiter, und die Vorzüge des Standorts zogen immer neue Bewohner an. Im Jahre 1166 wird die Existenz eines neuen Marktes, einer „Neuen Stadt" erwähnt, die sich um den heutigen Marché-aux-Herbes ansiedelte. Wenig später, im letzten Viertel des 12. Jh., wurde unter der Herrschaft Graf Heinrichs IV. von Namur-Luxemburg (1136-1196) eine Stadtmauer aus behauenem Stein errichtet. Die 850 Meter lange und sieben bis zehn Meter hohe zweite Ringmauer schützte ein sechs Meter tiefer und zwanzig Meter breiter Graben. Sie vergrößerte die Fläche der Stadt von 1,5 auf 5 Hektar.

Eine Stadtmauer grenzt die Stadt rechtlich gesehen vom Land ab und ist ein Symbol der mittelalterlichen Stadt. Erst mit ihrer Errichtung können wir wirklich von einer „Stadt" sprechen. Dieser Status wurde schließlich 1244 von Gräfin Ermesinde (1196-1247) bestätigt, die Luxemburg die Freiheitsrechte verlieh. Die Häuserblöcke der Rue du Marché-aux-Herbes und Rue du Fossé folgen den Umrissen der Ringmauer; die Mauer ist heute verschwunden.

Von da an nahm die Einwohnerzahl beständig zu. Für das Jahr 1311 wird sie auf 5000 geschätzt, womit Luxemburg zu einer durchschnittlichen Stadt im Mittelalter herangewachsen war. Steinhäuser mit geräumigen Kellern ersetzten nach und nach die alten Holzbauten und bestimmten den endgültigen Parzellierungsplan der Stadt. Ab dem 14. Jh. schmückte sich die Stadt mit Repräsentativbauten: Immer mehr Adelige errichteten ihren „Zweitwohnsitz" in der Stadt, und die Abteien erbauten dort nicht weniger als sieben Refugien. Die reichsten Bürger und Händler, die auch die Funktion von Schöffen und Gerichtsherren ausübten, wohnten in der Gegend des Alten Marktes, während die Unterstadt das Viertel der Handwerker war, unter ihnen die Gerber.

Der Bau der großen Ringmauer, der dritten, wurde unter Johann dem Blinden zwischen 1325 und 1340 begonnen, nahm unter Wenzel weiter Gestalt an und dauerte noch das gesamte 15. Jh. hindurch. Die 1850 Meter lange Mauer umgab das Stadtviertel Grund und das Rham-Plateau auf dem anderen Ufer der Alzette. Sie erweiterte die Grundfläche von Luxemburg von 5 auf 22,74 Hektar, umschloss allerdings im Jahre 1560 noch große freie Flächen. Mit ihren rund vierzig Türmen diente sie nicht allein Verteidigungszwecken, sondern erfüllte vor allem eine symbolische und repräsentative Funktion. Trotzdem konnten im Jahre 1443 weder die Einnahme der Stadt durch Philipp den Guten, Herzog von Burgund, noch die nachfolgende Plünderung verhindert werden.

Luxemburg wird zur Festung

Zwei Brände und ein Krieg markierten das Ende der mittelalterlichen Siedlungsstrukturen.

Am 30. Juni 1509 fiel ein großer Teil der Oberstadt um die St. Michael-Kirche den Flammen zum Opfer. Kaum hatte sie sich von dieser Katastrophe erholt, führte der Krieg zwischen dem französischen König Franz I. und Kaiser Karl V. von 1542 bis 1544 zu Zerstörungen. Er zeigte zudem die Schwächen der mittelalterlichen Befestigungen auf – die jüngsten Bauten stammten aus den Jahren 1478-79 – die schlecht auf die Abwehr eines Angriffs mit Gusseisenkugeln der modernen Artillerie vorbereitet waren. Bei den Kämpfen wurde die ehemalige Grafenburg beschädigt, die dann endgültig militärischen Erfordernissen weichen musste. In den Jahren 1555 und 1556 bedeutete die Zerstörung der Burg, die der Dynastie ihren Namen verliehen hatte, das symbolische Ende der mittelalterlichen Vergangenheit der Stadt.

Die 1547-48 begonnene Umwandlung der mittelalterlichen befestigten Stadt in eine moderne Festung geschah zunächst nur ansatzweise. In Wirklichkeit handelte es sich um eine Modernisierung der Ringmauer aus dem Mittelalter: Diese wurde durch eine Erdterrasse verstärkt, die die Mauer stützte und auf der zugleich Kanonenkugeln aufprallen konnten; die Türme wurden bis in Höhe der Wälle abgerissen und bildeten damit nicht mehr länger leichte Ziele für die feindliche Artillerie; die Gräben wurden verbreitert. Lediglich die Bastion Marie erhielt eine regelmäßige Form und repräsentierte damit das neue, in Italien erfundene Festungsmodell. In der Folgezeit wurde die Stadt mit einer Reihe von fünfeckigen, mit Mauerwerk verkleideten Bastionen umgeben; auf den mit Erde überdeckten Bauten konnten Eisenkugeln aufprallen, ohne einen Einsturz auszulösen.

Am 11. Juni 1554 entzündete ein Blitzeinschlag ein im Speicher der Franziskanerkirche gelagertes Pulverdepot. Durch die Explosion breitete sich das Feuer auf das Rathaus und die gesamte Oberstadt aus. Dies versetzte der mittelalterlichen Architektur der Stadt den Gnadenstoß. Der Wiederaufbau sollte zwanzig Jahre dauern und wurde erst mit der Errichtung des neuen Rathauses vollendet. Um dessen schöne Fassade besser zur Geltung zu bringen, wurde eine neue Straße, die Rue de la Reine, durch die Ruinen abgebrannter Häuser bis zur Stadtmauer gezogen. Während sich Luxemburg nach außen hin verschanzte, verschönerte es sich im Inneren. Der sich damals in der Stadt durchsetzende Renaissance-Stil ist eng mit dem Namen Peter-Ernst von Mansfeld verbunden, dem Gouverneur des Herzogtums von 1545 bis 1604, der sein herrliches Schloss „La Fontaine" in Clausen erbauen ließ.

1597 versuchten die Franzosen vergeblich, die Stadt einzunehmen. Die von den Spaniern realisierten Baumaßnahmen hatten aus der Stadt eine echte Festung gemacht, die nicht ohne eine lange und kostspielige Belagerung zu erobern war. Aber die Franzosen kamen immer näher: 1643 wurde die Festung von Thionville, der Schlüssel zum Herzogtum Luxemburg, eingenommen, 1657 fiel Montmédy, und während des Pyrenäenfriedens 1659 ging der gesamte Süden des Herzogtums an Frankreich. Die Festung Luxemburg befand sich nun an vorderster Front ohne Vorposten zur Sicherstellung der Verteidigung; damit wurde es erforderlich, die Arbeiten an den Befestigungsanlagen wieder aufzunehmen. Diese erstreckten sich auf die ungeschützteste Seite der Ebene im Westen, die einen zweiten Bastionengürtel erhielt; 1671 erging der Befehl, rund hundert Häuser in der Unterstadt Grund und am Anstieg von Pfaffenthal abzureißen, „um eine leichtere Verteidigung der Befestigungsanlagen zu ermöglichen".

Die enteigneten und entschädigten Einwohner ließen sich in der Oberstadt in den neuen Straßen Monterey, Chimay und Louvigny nieder. So wurde die Siedlung rund um die Place d'Armes dichter, während zugleich bedeutende religiöse Bauten wie das Jesuitenkolleg und die Jesuitenkirche errichtet wurden, die einen guten Teil des Südens der Stadt einnahmen.

Vom 22. bis 25. Dezember 1683 ließ Marschall Créqui Luxemburg bombardieren, dann zog er sich zurück. Aber die 6000 aus der Höhe vom Fetschenhaff aus abgefeuerten Geschosse hatten die Stadt ernsthaft beschädigt. Die Belagerung vom 20. April bis 3. Juni 1684 sollte noch schlimmer werden. Die 4000 Männer der spanischen Garnison, denen 18 720 französische Infanteristen und 5880 Kavalleristen gegenüber standen, hatten sich in der Festung verschanzt. Man zählte 36 410 abgefeuerte Kanonenschüsse und 5500 Bomben; danach gab es kaum mehr zehn unbeschädigt gebliebene Häuser, und die Unterstadt war vollständig zerstört. Das französische Bombardement bedeutete das endgültige Ende der alten Häuser. Ende des 17. Jh. bis zum 18. Jh. wurden fast alle Häuser wieder aufgebaut.

Vauban, der die Belagerungsaktionen persönlich geleitet hatte, kannte den Standort und seine Schwächen. Im Juli 1684 startete er ein umfangreiches Programm zum Wiederaufbau der Festung. Die gewaltigen Baumaßnahmen, die zwölf Jahre dauern sollten, verliehen der Stadt die charakteristische Silhouette, die sie bis in unsere Tage bewahrt hat. Vauban ließ einen großen Teil der mittelalterlichen Ringmauer abreißen, insbesondere den Abschnitt zwischen der Bock-Bastion und der Bastion des Heiligen Geistes, er schloss die Unterstadt Pfaffenthal in die Ringmauer mit ein, errichtete auf den Anhöhen im Osten die Forts Ober- und Niedergrünewald und nahm den Bau mehrerer Kasernen vor, darunter die bis heute existierenden Anlagen auf dem Rham-Plateau.

Die Österreicher eroberten die Festung am 15. Januar 1715. Sie blieben dort bis 1795.

1726 begannen sie damit, die Arbeiten von Vauban zu vervollständigen und richteten ihrerseits überall riesige Baustellen ein. Luxemburg verdankt insbesondere ihren Arbeiten den Beinamen „Gibraltar des Nordens". Dort, wo sie keine neuen Forts errichteten, verstärkten sie die Bastionen und legten die Kasematten unter dem Bockfelsen, dem Anstieg von Pfaffenthal und im Hang des Petruss-Tals sowie die 23 Kilometer langen Minengänge an.

Mit Beginn der Französischen Revolution kam es schon bald zu neuen Feindseligkeiten: Frankreich erklärte dem Kaiser von Österreich 1792 den Krieg. Statt Luxemburg zu belagern, richteten die Franzosen eine Blockade ein. Nach 6 Monaten, am 7. Juni 1795, kapitulierte die 12 396 Mann starke österreichische Garnison, der es an Proviant und Holz fehlte. Dank der Blockade blieben Luxemburg und die Festung dieses Mal nahezu verschont. Das Großherzogtum Luxemburg wurde bis zum Ende des Napoleonischen Reichs das „Département des Forêts".

Ende des 18. Jahrhunderts wurden die Klöster infolge des Edikts von 1783 des österreichischen Kaisers Joseph II gegen die kontemplativen Orden entweder geschlossen, oder als „Nationalgüter" von den Franzosen verkauft. Dies bot neue städtebauliche Möglichkeiten innerhalb der Mauern. So wurde die Jesuitenkirche – die heutige Kathedrale – in eine Pfarrkirche umgewandelt, was die Zerstörung der Sankt-Nikolaus-Kirche im Jahr 1779 ermöglichte. Auch die meisten zivilen Gebäude des heutigen Luxemburgs stammen aus dem 18. Jh. Die prächtigsten Gebäude waren damals die Refugien der Abteien, wie das von Sankt Maximin – das heutige Außenministerium. Die Abteien benötigten aufgrund der ständigen Kriege im 17. Jh. Refugien innerhalb der Befestigungsmauern. Mit der Rückkehr stabiler politischer Verhältnisse unter der österreichischen Herrschaft wurden sie von den Äbten, hohen Würdenträgern der Kirche, nicht mehr als Zufluchtsort, sondern als Wohnsitz genutzt.

Hauptstadt des Großherzogtums

Nach dem Untergang des napoleonischen Reichs sah der Wiener Kongress (1814-1815) für Luxemburg eine ebenso komplizierte wie überraschende Lösung vor: Das zum Großherzogtum gewordene Herzogtum fiel als Familienerbe an Wilhelm I. der Niederlande. Die Stadt Luxemburg wurde ihrerseits zu einer deutschen Bundesfestung und beherbergte eine preußische Garnison.

Nach dem Teilungsvertrag von 1839, der das heutige Großherzogtum von seinem französischsprachigen Teil trennte und diesen an Belgien gab, erhielt das Land eine eigene Verwaltung, und die Stadt Luxemburg wurde zur Hauptstadt. Dieser neue Status zwang zum Erwerb bzw. zum Bau öffentlicher Gebäude für die Regierungseinrichtungen des neuen Staats – wie z.B. das Abgeordnetenhaus – in der engen Oberstadt, da der größte Teil der Repräsentativbauten bereits für die Stadt- und Garnisonsverwaltung benötigt wurde. Hinzu kam die Suche nach einer Prinzenresidenz. Prinz Heinrich, der Bruder des König-Großherzogs Wilhelm III. (1849-1890), der am 5. Februar 1850 zum Leutnant-Statthalter ernannt worden war, benötigte eine Residenz in der Stadt. Er fand sie schließlich im ehemaligen Rathaus. Als der großherzogliche Thron 1890 an das Haus Nassau-Weilburg überging, wurde das Gebäude endgültig zu dem großherzoglichen Palast umgebaut, den wir heute kennen.

Das Zentrum der Altstadt erhielt schließlich das uns heute bekannte hauptstädtische Gesicht.

Die Zerstörung der Festung

Aber kommen wir zu den Festungsanlagen zurück. Die Preußen machten keine halben Sachen. Sie modernisierten die Festung, bauten Eisenbahnviadukte – die das Erscheinungsbild des Tals grundlegend veränderten – und Forts für ihren Schutz.

Der Londoner Vertrag vom 11. Mai 1867 beendete die

militärischen Modernisierungsarbeiten der großflächigen Anlage und verhinderte eine erneute Schließung der Stadt. In den Artikeln IV und V des Vertrags wird erklärt, dass die Stadt Luxemburg nicht länger als Festungsanlage anzusehen sei und durch die Zerstörung der Festung in eine offene Stadt umgewandelt werde. Die 4000 Mann der preußischen Garnison zogen sich am 9. September 1867 zurück.

Nur zwei Monate später waren alle Tore geöffnet und die Gräben zugeschüttet. 1868-1869 wurden die alten Verbindungen aus der Festung heraus durch die Anlage breiter Alleen als Verlängerung der Altstadtstraßen Richtung Westen wiederhergestellt. Zwischen 1868 und 1879 war die Stadt eine einzige Baustelle, wobei die Arbeiten 1870/1871 noch beschleunigt wurden, um eine Einbeziehung Luxemburgs in den französisch-deutschen Konflikt zu verhindern. Der Abbruch der Festung galt am 22. Juni 1883 offiziell als abgeschlossen.

Die astronomischen Kosten von 1.800.000 Franken wurden durch den Verkauf ehemaliger Militärgelände gedeckt. Der nicht bebaubare Bering rund um die Festung, der seit 1749 eine Ausdehnung der Stadt verhindert hatte, wurde beseitigt, so dass mit einem Schlag 177 Hektar zur Verfügung standen – eine riesige Fläche im Vergleich zu den 127 Hektar der Oberstadt und der Vororte. Der Staat Luxemburg nahm die neuen Grundstücke für sich in Anspruch, die Stadt erhielt eine Entschädigung. Dies veranlasste den damaligen Generaldirektor der Justiz Eyschen 1884 zu der Aussage, dass die Neugestaltung der Stadt Luxemburg ausschließlich das Werk des Staats sei.

Obwohl die jahrhundertelang von der alten Festung umgebenen Einwohner die einmalige Gelegenheit hatten, eine ideale Hauptstadt mit einer gut strukturierten Bebauung, breiten Straßen, Grünflächen und Plätzen anzulegen, fehlte ihnen der Sinn und der Mut zur Öffnung, den sie beim Abriss historischer Monumente jedoch bewiesen. Ungeachtet einiger Visionäre wie Staatsminister Paul Eyschen und detaillierter Pläne und Studien wurden nur wenige Projekte realisiert.

Zu Festungszeiten hatten die Luxemburger kaum Grün und Licht gesehen. Die Häuser standen in den engen Gassen dicht nebeneinander, die Einwohner lebten dicht gedrängt, mit Soldaten unter ihrem Dach. Die „Plätze" des alten und neuen Markts verdienten diesen Namen nicht wirklich. Die Stadt begann erst im Laufe des 16. Jahrhunderts durch die Anlage des Paradeplatzes (Place d´Armes) und die Öffnung der Rue de la Reine vor dem Palast damit, sich etwas Luft zu verschaffen. Im 18. Jh. entwickelte sich jedoch eine Politik der Zerstörung des ungeliebten architektonischen Erbes. Mit dem Ziel, sich „Luft zu verschaffen", wurde 1779 die Sankt-Nikolaus-Kirche am Marché-aux-Herbes abgerissen, ebenso das Gebäude des Provinzialrats, was ungewollt zum Entstehen des Fischmarkts führte. Der Wilhelmsplatz oder Knuedeler vermittelt seit dem Abriss des Franziskanerklosters 1830 ein Gefühl der Leere.

Diese Bewegung verstärkte sich um 1930 nochmals. Nach Abschluss der „Sanierungsarbeiten" war das Viertel aus dem 16.-18. Jahrhundert neben der Kathedrale zugunsten ihrer fragwürdigen Erweiterung und der großen Leere des Clairefontaine-Platzes gewichen. Seit den 50er Jahren wurden nach und nach die Häuser am Breitenweg, mehrere Häuser der Rue du Rost sowie die historischen Kasernen von Pfaffenthal und Saint-Esprit abgerissen. Und so geht es weiter, obwohl es nicht mehr viel abzureißen gibt...

Die Einwohnerzahl stieg zwischen 1865 und 1910 von 24 204 auf 45 144, und der wirtschaftliche Aufschwung führte zu einer starken Nachfrage nach Grundstücken.

Anfang der 70er Jahre des 19. Jahrhunderts wurden im früheren Graben der Boulevard Royal und der Boulevard du Prince Henri angelegt. Das Großbürgertum ließ sich an den neuen Boulevards neben dem öffentlichen Park der „grünen Krone" auf den Forts an der Westseite Herrenhäuser bauen. Da eine strenge Bauordnung fehlte, entstand ein wenig kohärentes, architektonisch vielseitiges Viertel mit Häusern im Neorenaissance-, Neobarock- und neoklassizistischen Stil.

Der nach den 1871 von dem französischen Landschaftsarchitekten Edouard André (1840-1911) gefertigten Plänen angelegte, zwanzig Hektar große Park entstand in erster Linie in der Absicht, einen Teil der neuen Grundstücke vom Markt zu nehmen, um einen Preissturz zu verhindern. Dieser Park sollte sich bis in das Petruss-Tal erstrecken, verbunden mit einem Spazierweg über die Höhen, der zwischen 1882 und 1910 schließlich fertig gestellt wurde. Auf der Suche nach Romantik und Malerischem sowie in Befolgung der Ratschläge der „Société pour la recherche et la conservation des monuments historiques" (Gesellschaft zur Erhaltung historischer Monumente) führte der Weg an verschiedenen Festungsteilen, wie am Fort Thüngen, am Malakoff-Turm oder an einigen Burgwarten vorbei.

Der zweite wichtige Schritt der Stadterweiterung bestand aus der Bebauung des Bourbon-Plateaus auf der anderen Seite der Petruss-Schlucht, gegenüber der Altstadt, was durch den Bau der monumentalen Adolf-Brücke (1903) nach den Plänen des Ingenieurs Paul Séjourné möglich wurde. Paul Eyschen, Regierungspräsident (1888-1915) und ehemaliger Generaldirektor der Justiz und der öffentlichen Arbeiten, unterstützte dieses Projekt, das 1906 genehmigt wurde und dessen Realisierung sich bis in die 20er Jahre des letzten Jahrhunderts hinzog. Eyschen wollte aus Luxemburg eine „Vorzeigehauptstadt" machen, indem er der Stadt ein monumentales und zugleich malerisches Äußeres verlieh. Die 34 Meter breite Avenue de la Liberté, die zum Bahnhof führt, wurde zu einer Hauptverkehrsader mit monumentalem Charakter, an der keine unterschiedlich hohen Einfamilienhäuser mit ungleichen Fassaden stehen wie am Boulevard Royal, sondern Mehrfamilienhäuser mit Quadersteinfassaden. Die Place de Metz am Ende der Adolf-Brücke besitzt dank der beiden großen symmetrischen Gebäude – die Sitze der Sparkasse und der Eisenbahngesellschaft – einen majestätischen Charakter. Der „Belfried" der Sparkasse ist mit seiner Spitze eine Antwort auf den Turm von St. Michael im Norden und den Bahnhofsturm im Süden.

Die Bebauung des Kirchberg-Plateaus

Bei der Bebauung des Kirchberg-Plateaus im Osten der Stadt bot sich eine ähnliche Situation wie bei der Besiedlung des Bourbon-Plateaus. Auch hier ermöglichte der Bau der Großherzogin-Charlotte-Brücke oder *Roud Bréck* (rote Brücke) 1963-1964 die Bebauung dieses mehr als 300 Hektar großen Plateaus, das vornehmlich den europäischen Institutionen und später den Banken vorbehalten war. Der Heichhaus-Turm verweist aufgrund seiner exponierten Lage auf die übrigen Türme der Stadt.

Die ersten Gebäude auf dem Kirchberg waren frei stehende Gebäude. Seit Anfang der 90er Jahre legen die Banken, die größtenteils auf gleich großen Grundstücken (27 x 144 m) errichtet werden, verstärkt Wert auf ihr äußeres Erscheinungsbild: Kunstwerke, namhafte Architekten, Gärten: in gewissem Maße eine Humanisierung dessen, was lange Zeit eine architektonische Wüste war. Das Stadtbild verdichtet sich zugunsten eines multifunktionalen Ganzen anstelle der Monokultur der europäischen Institutionen. Es kommen immer mehr Gebäude für kulturelle Aktivitäten (wie das neue Museum für Moderne Kunst Großherzog Jean und die Philharmonie) und für die Unterhaltung (wie „die Coque") hinzu.

ALTHOUGH archaeological artifacts indicate that the plateau at the confluence of the Pétrusse and the Alzette was already inhabited during the early Iron Age – that is, before the 5th century BC – there are no further human traces until the Roman period. At that time a road running from Rheims to Trier crossed the city. Isolated finds show that its path crossed the old city and the districts of Pfaffenthal and Clausen. Because of the strategic character of the site of the Bock – an easily defended rocky spur – it is quite likely that it was fortified under the late Roman Empire (end of the 4th and 5th centuries AD).

There is another break in the record until the 9th and 10th centuries, outside of a few Frankish tombs of the 7th century.

From castle to city

The site of Luxembourg finally emerges from the mists of history in 963 when Count Sigefroid acquired the Bock and the bend on the Alzette below from the Abbey of Saint Maximin in Trier. The presence of mills on the river was already noted in 926, indicating that the area was well populated. Sigefroid built his castle, Lucilinburhuc, on the Bock. It was only a modest tower protected by a palisade to begin with but in 987 the Count founded a collegial church, later to become Saint Michael's church. Soon craftsmen and merchants settled in front of the castle and a market was established. A ditch and earthen ramparts protected this pre-urban kernel, an area more or less corresponding to the old city and the present day Marché-aux-Poissons. By 1087 the settlement along the Alzette had diversified as fishermen, millers and bakers moved in. Count Conrad who was the first to settle permanently in Luxembourg and to call himself after the name of his castle, around which the Earldom will be formed, founded a Benedictine Abbey on the Altmünster plateau in 1083.

The process could have stopped there and Luxembourg would have remained a simple castle with a little town, However, expansion continued as the advantages of the site attracted more people. In 1166 a new market in the "new town", on what is now the Marché-aux-Herbes, is mentioned. Shortly thereafter, in the last quarter of the 12th century, under Count Henry IV of Namur-Luxembourg (1136-1196) a freestone wall was built around the city. The wall was 850 metres long and varied in height from 6 to 10 metres. It was protected by a 6-metre deep ditch that was 20 metres wide, increasing the surface of the city from 1.5 hectares to 5 hectares.

The wall legally demarcates the city from the countryside, and is the symbol of a mediaeval town. It is only after its construction that we can really speak of a "city". This evolution was finally confirmed in 1244 when Countess Ermesinde (1196-1247) granted a Charter to Luxembourg. The block of houses on the Rue Marché-aux-Herbes and Rue du Fossé follow, the trace of the wall that no longer exists.

From that time on the population increased continuously and, in 1311, was estimated to be 5000, making Luxembourg a city of average size in the Middle Ages. Houses in stone with large cellars gradually replaced the old wooden structures, establishing permanently the size of the city lots. From the 14th century on, the city acquired many prestigious houses as more and more nobles built "secondary residences" in the city and Abbeys established no less than seven refuges. The burghers and the wealthiest merchants, who were also aldermen and justices, lived in the neighbourhood of the Old Market, while tanners and other craftsmen lived in the lower town.

The construction of the third set of walls – the great wall – began under John the Blind between 1325 and 1340 and continued on an even grander scale under Wenceslas. Building would continue during the whole 15th century. The wall was 1850 metres long and enclosed the Grund district and the Rham plateau on the other side of the Alzette. The area enclosed increased from 5 hectares to 22.74 hectares but there was still a lot of empty space in 1560 in the city. The wall, bristling with some forty towers had not only a defensive function but was also a symbol of the Count's possession. However, it did not prevent Philip the Good, Duke of Burgundy, from capturing and sacking the city in 1443.

Luxembourg Becomes a Fortress

Two great fires and a war destroyed the houses of the Middle Ages.

On June 30th 1509 most of the upper town around Saint Michael's church was ravaged by fire. Luxembourg had barely recovered from that catastrophe when the war of 1542-1544, waged by François I, King of France and Charles the Fifth, Holy Roman Emperor, brought about another wave of destruction. It displayed the weakness of the mediaeval fortifications, the last of which dated from 1478-1479, which could not withstand the iron cannonballs used by the modern artillery. The conflicts heavily damaged the old castle of the Counts that had to give way to military necessity. In 1555 and 1556 the castle that had given its name to the dynasty was demolished, marking the symbolic end of the mediaeval past of the city.

The transformation of the walled mediaeval town into a modern fortress began haltingly in 1547-1548. It was basically a modernization of the walls of the Middle Ages by lining them with an earthen terrace that not only strengthened them but also provided an emplacement for guns. The towers were razed to the height of the ramparts so they were no longer targets for enemy fire and the defensive ditch was enlarged. Only the Marie bastion was given a definite shape, thus beginning a new system of fortifications developed in Italy. Later the city would be surrounded by a series of pentagonal bastions faced with stone. As they were filled with earth they absorbed the cannonballs instead of exploding under their impact.

On June 11, 1554 the powder magazine in the attic of the Franciscans church caught fire. The explosion caused a fire that engulfed the town hall and the upper town. This was the final blow to the mediaeval town. Reconstruction continued for twenty years and was finally finished by the erection of a new town hall. In order to display its handsome façade, a new street, Rue de la Reine, leading from the wall to the town hall was laid out over the ruins of the houses. Thus, while Luxembourg fortified its exterior, it beautified its interior in the Renaissance style associated with Peter Ernst, Count Mansfeld, Governor of the Duchy from 1545 to 1604, who had built his wonderful château "La Fontaine" at Clausen.

In 1597 French attempts to take the city failed. Works undertaken by the Spanish had resulted in a true fortress impossible to capture without a long and costly siege. But the French were getting closer and closer: the fortress of Thionville, key to the Duchy of Luxembourg was taken in 1643 and that of Montmédy in 1657. The Treaty of the Pyrénées ceded the south of the Duchy to France in 1659.

The fortress of Luxembourg was thus on the front line without any outlying defense.

It became imperative, therefore, to recommence defensive strengthening. A second wall with bastions was constructed on the most exposed plain on the West and in 1671 some hundred houses in the lower town of Grund and the Pfaffenthal slope were demolished "in order to make the fortifications more easily defensible".

The owners who were expropriated were compensated and moved to the new streets of Monterey, Chimay and Louvigny in the upper town. This led to a densification of housing around the Parade Ground and also the construction of imposing religious buildings such as the Jesuits College and church that occupied a great deal of the southern part of the city.

From December 22 to the 25th, 1683 Luxembourg was shelled by Marshal Créqui who then withdrew. The 6000 shells fired from Fetschenhaff had greatly damaged the city. The siege from April 20th to June 3rd, 1684 was even worse. Faced with 18,720 foot soldiers and 5580 French cavalry, the Spanish garrison took refuge in the fortress. After 36,410 cannon shots and 5500 bombs, hardly ten houses were left undamaged and the lower town was completely destroyed. That was the end of the old houses, many of which were rebuilt from the end of the 17th to the 18th centuries.

Vauban, who had personally directed the siege, knew the site and its weak points. In July 1684 he began a huge restructuring of the fortress. This ambitious program continued for twelve years and gave the city the silhouette that it has kept until today. Vauban demolished most of the mediaeval enceinte, notably between the Bock bastion and that of Saint Esprit, incorporated the lower town of Pfaffenthal into the enceinte, built the forts of Ober- and Niedergrünwald on the eastern heights and began building several barracks, one of which, on the Rham plateau, still exists today.

The Austrians took possession of the fortress on January 15, 1715 and held it until 1795.

They completed the works initiated by Vauban and then launched an ambitious building program of their own. It was their work that earned Luxembourg the title of "Gibraltar of the North". When they were not building new forts, they reinforced the bastions, dug casemates under the Bock, in the Pfaffenthal slope and in the flank of the Pétrusse valley as well as 23 kilometres of galleries.

Hostilities began again with the French Revolution when France declared war on the Austrian Empire in 1792. Rather than lay siege to Luxembourg, the French imposed a blockade. After six months the 12,396-strong Austrian garrison, lacking food and firewood, capitulated on June 7, 1795. Thanks to the blockade, Luxembourg and the fortress were hardly damaged this time. The Duchy of Luxembourg became the French Department of the Forests until the end of the Napoleonic Empire.

At the end of the 18th century the monasteries of Luxembourg were closed, following the Edict of Joseph II, Emperor of Austria abolishing the contemplative orders or were sold as "national property" by the French. These acts made possible new possibilities for urban development. The Society of Jesus had been suppressed in 1783 and thus the Jesuit's church – now the cathedral – was turned into a parish church, making possible the demolition of Saint Nicholas's church in 1779. It is interesting to note that the principal civic buildings of today's Luxembourg date from the 18th century. The most luxurious buildings of that time were the refuges of the Abbeys such as that of Saint Maximin, now the Ministry of Foreign Affairs. During the constant wars of the 17th century a refuge inside the ramparts of the stronghold was a necessity for the Abbeys. When political stability returned under Austrian rule the refuges became stately dwellings where the Abbots and important churchmen came, not for refuge, but to reside in the city.

Capital of the Grand Duchy

After the fall of the Napoleonic Empire, the Congress of Vienna (1814-1815) devised a solution for Luxembourg that was as complicated as it was curious. The Duchy became a Grand Duchy and was given to William I, King of the Netherlands as a personal family property. The city of Luxembourg, however, became a federal fortress of the Germanic Confederation, manned by a Prussian garrison.

Following the Partition of 1839 that awarded the French speaking part of Luxembourg to Belgium, the Grand Duchy was given its own administration and the city of Luxembourg became its capital. This new status made imperative the acquisition or construction of official buildings, such as the Chamber of Deputies, in the restricted space of the upper city. The city administration or that of the garrison already occupied most of the existing large buildings. As well, a princely residence was required for Prince Henry, brother of the King-Grand Duke William III (1849-1890) who was named Prince-Lieutenant on February 5, 1850. When the Grand-Ducal throne passed to the House of Nassau-Weilburg in 1890 the building was finally converted into the Grand Ducal palace that we see today and the heart of the old city became the visage of today's capital.

The Fortress is Dismantled

Let us return to the fortifications themselves. The Prussians did not proceed by half-measures. They modernized the fortress, built viaducts for the railroads, thus radically changing the aspect of the city, and built more forts.

The Treaty of London of May 11, 1867 ended the race to modernize the military site that gobbled up so much of the terrain and blocked any expansion of the city. Articles IV and V of the Treaty stipulated that the city of Luxembourg would no longer be a fortified site and would be converted into an open city by demolishing the fortress. The 4000 men of the Prussian garrison withdrew on September 9, 1867.

Barely two months later the gates were opened and the ditches filled in. In 1868-1869 wide avenues, prolonging the streets of the old city towards the west were laid out, reestablishing the old routes to the exterior. Between 1868 and 1879 the city was one vast building site; the works had intensified in 1870 and 1871 to avoid any implication of Luxembourg in the Franco-Prussian war. Dismantlement was finally officially completed on June 22, 1883.

The astronomical cost of 1,800,000 francs was largely amortized by the sale of the former military terrain. The buffer zone around the fortress that had blocked all expansion of the city since 1749 was abolished, thus liberating 177 hectares all at once. This was an enormous increase in property when compared to the former 127 hectares of the upper town and the suburbs. The State of Luxembourg claimed the territory, giving the city compensation, which led to Paul Eyschen, Minister of Justice in 1884, to declare that "the creation of a new city of Luxembourg belongs specifically and exclusively to the State."

Alas, even though this was an unique opportunity to build a real capital with a well organized urban plan for avenues, green spaces and squares, the inhabitants of the city who had been confined during centuries in the old fortress, totally lacked any vision. Worst of all, they did not display as much enthusiasm for the new as they had shown when it was a question of destroying historic monuments. Despite a few visionaries like Prime Minister

Eyschen, and the studies and detailed plans that were drawn up, very few projects were completed.

While the fortress existed Luxembourg had had little greenery or light. The houses crowded against each other along narrow streets and the inhabitants, with soldiers billeted in their homes, were crammed together. The "squares" of the Old and New markets were not worthy of the name. The city began to have a bit of breathing space during the 16th century when the Parade Square and the Rue de la Reine before the palace were created. The roots of the wanton destruction of the architectural heritage began in the 18th century when, in the name of "breathing space" the church of Saint Nicholas on the Marché-aux-Herbes was demolished in 1779. The Provincial Council building was also demolished at that time, leading to the unforeseen creation of the Marché-aux-Poissons. The place Guillaume or Knuedeler looked particularly desolate after the monastery of the Cordeliers was demolished in 1830.

Another frenzy of destruction occurred during the 1930's. In order to make "improvements", the 16th to 18th century district near the cathedral was razed so a controversial addition could be made to it and to make the rather empty Clairefontaine square. In the 1950's the houses of the Breitenweg, several houses on the Rue du Rost, and the historic barracks of Pfaffenthal and Saint-Esprit were demolished. And so it continues, though there is not much left to destroy...

The population increased from 24,402 in 1865 to 45,144 in 1910 and rapid economic expansion generated a strong demand for land.

At the beginning of the 1870's the Royal Boulevard and the Prince Henry Boulevard were built over the old defensive ditch. The wealthy upper class hastened to build mansions along the new boulevards near the public park of the "green crown", laid out on the forts fronting on the western plain. The absence of strict regulations allowed the birth of a district of great architectural diversity but inconsistent styles, varying from neo-Renaissance to neo-baroque and neo-classical.

The twenty-hectare park, designed in 1871 by the French landscape architect Edouard André (1840-1911), was the result of the mundane desire to avoid a collapse of land prices by devoting part of the newly freed terrain to the public. The park was laid out to run as far as the Pétrusse valley, with a promenade on the heights. This was finally built between 1882 and 1910. Wishing to make the park both romantic and picturesque, and following the advice of the "Society for the Study and Conservation of Historic Monuments", some elements of the fortress such as Fort Thüngen, the Malakoff Tower and a few watch-towers were integrated into the plan.

The second important step in the enlarging of the city was the urbanization of the Bourbon plateau on the other side of the Pétrusse ravine, facing the old city. This was made possible by the construction of the monumental Adolphe Bridge (1903), designed by the engineer Paul Séjourné. Paul Eyschen, Prime Minister from 1888 to 1915 and a former Minister of Justice and of Public Works supported this project which was approved in 1906. Work continued until the 1920's. Eyschen wished to make Luxembourg a true capital city, both picturesque and stately. The Avenue of Liberty, 34 metres wide, leading to the railway station was meant to be a monumental major artery. The buildings in this district would not be individual houses of varying heights, badly aligned to the streets as on the Royal Boulevard, but rather apartment buildings with freestone façades. The Metz Square at the exit of the Adolphe Bridge has a majestic feeling, given by two large, symmetrical buildings one the seat of the Savings Bank and the other that of the Railways. The "belfry" of the Savings Bank, on the tip of the promontory, is in counterpoint to the tower of Saint Michael's church to the north and that of the railway station to the south.

Urbanization of the Kirchberg Plateau

A situation very similar to that of the urbanization of the Bourbon Plateau presented itself during the development of the Kirchberg Plateau to the east of the city. The construction of the Grand Duchess Charlotte Bridge or Roud Breck (Red Bridge) in 1963-1964 opened this vast plateau of more than 300 hectares to development. It was first destined to be devoted to European Community institutions and then to the banking sector. The Heichhaus tower responds to the other towers of the city.

The first buildings on Kirchberg were anonymous and isolated, without any relations to the others. However, since the beginning of the 1990's the banks, mostly built on identical plots of land of 27 metres by 144 metres, have begun to pay more attention of their appearance with works of art, renowned architects and gardens, giving a more human dimension to what was once an architectural desert. The urban infrastructure is becoming denser, aimed at opening the district for purposes other than the monoculture of European institutions. More and more buildings are being constructed for cultural purposes such as the new Grand Duke Jean Museum of Modern Art and the Philharmonic concert hall or for leisure purposes like La Coque.

UIT archeologische opgravingen is gebleken dat het plateau op de samenloop van de Pétrusse en de Alzette al in de eerste ijzertijd door de mens werd bewoond – of dus nog vóór de vijfde eeuw v.C. Maar daarna is er geen enkel spoor meer tot aan de Romeinse tijd. Een weg uit Reims liep toen door de stad, tot naar Trier. Aan de hand van afzonderlijke vondsten is het tracé te volgen door de oude stad en de wijken Pfaffenthal en Clausen. Door het strategische karakter van de site van de Bock – een makkelijk te verdedigen rotspunt – is het heel goed mogelijk dat er reeds een versterking van het Laat-Romeinse Keizerrijk (einde vierde-vijfde eeuw na J.C.) was gevestigd.

Dan volgt weer een onderbreking tot de negende en de tiende eeuw, met uitzondering van enkele Frankische graven uit de zevende eeuw.

Van het kasteel naar de stad

In 963 treedt de site van Luxemburg eindelijk uit de schaduw. Graaf Siegfried neemt van de Sint-Maximinusabdij van Trier de rots van de Bock over met, aan haar voeten, de lus van de Alzette waar er reeds molens worden vermeld in 926 – wat laat veronderstellen dat er al een vrij dichte bewoning was. Siegfried zal er zijn kasteel bouwen, de Lucilinburhuc. Dat was toen slechts een bescheiden toren die werd beschermd door een schutting. In 987 sticht de graaf een collegiale kerk, de toekomstige Sint-Michielskerk. Al snel strijken er ambachtslui en handelaars neer in de buurt van het kasteel en ontstaat er een markt. Deze pre-urbane kern wordt beschermd door een omwalling die bestaat uit een gracht en een aarden wal, die bijna de hele huidige oude stad en de Marché-aux-Poissons omringt. In 1087 komt er verscheidenheid in de bewoning langs de Alzette. Vissers, molenaars en bakkers vestigen er zich, terwijl graaf Conrad in 1083 een benedictijnenabdij sticht op het plateau van Altmünster. Deze graaf is de eerste die definitief zijn intrek neemt in Luxemburg en genoemd wordt naar zijn kasteel waarrond het graafschap wordt uitgebouwd.

Hier had een einde kunnen komen aan het hele proces. Dan was Luxemburg niet meer dan een gravenkasteel gebleven met een dorp errond. Maar de dynamische expansie is niet te stuiten en de voordelen van de site trekken alsmaar nieuwe bewoners aan. In 1166 wordt het bestaan van een nieuwe markt, een «Neuve Ville», vermeld, om en rond de huidige Marché-aux-Herbes. Korte tijd later, in het laatste kwart van de twaalfde eeuw, onder het bewind van graaf Henri IV van Namen-Luxemburg (1136-1196), wordt een stadsmuur in hardsteen opgetrokken. Deze is 850 meter lang en zeven tot tien meter hoog. Die nieuwe ommuring wordt verdedigd door een gracht van zes meter diep en twintig meter breed. Zo wordt de oppervlakte van de stad uitgebreid van 1,5 tot vijf hectare.

De muur scheidt de stad juridisch van het platteland en staat symbool voor de middeleeuwse stad. Pas nu kan trouwens echt van een «stad» worden gesproken. Deze evolutie zal uiteindelijk bekrachtigd worden in 1244 door gravin Ermesinde (1196-1247) die het vrijheidscharter verleent aan Luxemburg. Het huizenblok van de rue du Marché-aux-Herbes en de rue du Fossé volgt de omtrek van de omwalling, terwijl de muur zelf vandaag niet meer te zien is.

Van dan af neemt het aantal bewoners voortdurend toe. In 1311 kan het geraamd worden op 5000, wat van Luxemburg een middelgrote middeleeuwse stad maakt. De stenen huizen met grote kelders vervangen geleidelijk de oude houten constructies, en zo krijgt het perceelplan van de stad zijn definitieve vorm. En, vanaf de veertiende eeuw, verschijnen er in de stad representatieve huizen : meer en meer edelen vestigen hun «tweede verblijf» in de stad en de abdijen richten er niet minder dan zeven toevluchtsoorden in. De rijkste burgers en handelaars, ook wethouders en rechtsprekers, woonden toen in de omgeving van de Vieux Marché, terwijl de benedenstad de wijk van de leerlooiers en andere ambachtslieden werd.

Met de bouw van de grote omwalling – de derde – werd gestart onder Jan de Blinde, tussen 1325 en 1340. Deze werd groter van omvang onder Wenceslas en bleef de hele vijftiende eeuw uitdeinen. De muur is 1850 meter lang en omvat de wijk Grund en het Rham-plateau, op de andere oever van de Alzette. Zo ging de oppervlakte van Luxemburg van 5 naar 22,74 hectare, maar in 1560 blijven nog veel vrije ruimtes over. Met zijn veertigtal torens vervult de muur niet enkel een defensieve functie, maar heeft vooral een symbolische en een representatieve rol. Wat niet kon beletten dat de stad in 1443 werd ingenomen door de hertog van Bourgondië Filips de Goede en evenmin de daaropvolgende plundering kon verhinderen.

Luxemburg wordt vesting

Twee branden en een oorlog maken een einde aan de middeleeuwse woonstructuren.

Op 30 juni 1509 valt een groot deel van de bovenstad rond de Sint-Michielskerk ten prooi aan de vlammen. Deze ramp is nog maar amper verwerkt als de oorlog tussen de Franse koning François I en Keizer Karel alweer vernieling zaait tussen 1542 en 1544. En dan blijkt de zwakte van de middeleeuwse versterkingen. De laatste constructies gaan terug tot 1478-79 en zijn niet bestand tegen een aanval met de gietijzeren kanonskogels van de moderne artillerie. Deze gevechten beschadigen het oude gravenkasteel dat zich daarna definitief zal moeten aanpassen aan de militaire vereisten. In 1555 en 1556 zet de sloop van het kasteel dat zijn naam gaf aan de dynastie, een symbolisch punt achter het middeleeuws verleden van de stad.

De overgang van middeleeuwse versterkte stad naar moderne vestingstad, in 1547-48, verliep aanvankelijk niet helemaal rimpelloos. In werkelijkheid ging het om een modernisering van de ommuring van de Middeleeuwen : er wordt een aarden terras aan toegevoegd dat tegelijk de muur ondersteunt en plaats biedt voor artilleriegeschut. De torens worden tot aan de wallen neergehaald en zijn dus niet langer makkelijke doelwitten voor het vijandig geschut. De grachten worden verbreed. Enkel het bastion Marie krijgt een regelmatige vorm, en geeft zo de aanzet tot het nieuw systeem van versterking dat in Italië werd uitgevonden. Vervolgens wordt de stad omringd door een reeks vijfhoekige bastions met metselwerk; ze worden opgevuld met aarde en vangen voortaan de kanonskogels op zonder eronder te bezwijken.

Op 11 juni 1554 slaat de bliksem in op de zolder van de franciskanenkerk waar munitie is opgeslagen. Door de ontploffing breidt het vuur zich uit naar het stadhuis en naar de hele bovenstad. Dit betekent de genadeslag voor de middeleeuwse architectuur van de stad. De heropbouw zal twintig jaar in beslag nemen en werd pas voltooid met de bouw van het nieuwe stadhuis. Om de mooie gevel meer tot zijn recht te doen komen, wordt een nieuwe weg, de rue de la Reine, aangelegd die door het puin van de in vlammen opgegane huizen naar de stadsmuur loopt.

Terwijl Luxemburg aan de buitenkant wordt versterkt, wordt de binnenkant verfraaid. De renaissancestijl verspreidt zich in de stad, zeker deels door toedoen van Peter Ernest van Mansfeld, die het hertogdom bestuurde van 1545 tot 1604, en zijn prachtige kasteel «La Fontaine» bouwde in Clausen.

In 1597 mislukken de Franse pogingen om de stad in te nemen. Door de werken die de Spanjaarden ondernamen, was ze nu een heus fort, dat onmogelijk kon ingenomen worden zonder een lang en duur beleg. Maar de Fransen naderen met rasse schreden : het fort van Thionville, de sleutel van het hertogdom Luxemburg, valt in 1643, Montmédy wordt veroverd in 1657 en, bij de Vrede van de Pyreneeën in 1659, wordt het hele zuiden van het hertogdom afgestaan aan de Fransen. De vesting van Luxemburg ligt voortaan in de eerste linie, zonder voorpost om de verdediging te waarborgen.

Het wordt dan broodnodig om de versterkingswerken weer aan te vatten. Deze betroffen de voorzijde van de vlakte ten westen, die het sterkst was blootgesteld. Er komt een tweede bastionring en, in 1671, wordt het bevel gegeven om een honderdtal huizen in de benedenstad Grund en op de weg naar Pfaffenthal neer te halen «om deze versterkingen gemakkelijker te kunnen verdedigen».

De onteigende en vergoede bewoners verhuizen naar de bovenstad, in de nieuwe straten rue Monterey, Chimay en Louvigny. Zo wordt de bevolking rond de place d'Armes dichter, terwijl grote religieuze gebouwen worden opgetrokken, zoals het college en de kerk van de Jezuïeten die een flink deel in het zuiden van de stad innemen.

Van 22 tot 25 december 1683 laat de maarschalk van Créqui Luxemburg bombarderen en trekt zich daarna terug. Maar de 6000 projectielen die van hoog op Fetschenhaff werden afgevuurd, hadden heel wat schade aangericht in de stad. De belegering van 20 april tot 3 juni 1684 zou nog erger worden. De vierduizend man van het Spaans garnizoen moesten het opnemen tegen de 18 720 Franse infanteristen en 5880 ruiters. Ze verscholen zich in de vesting. Er werden 36 410 kanonschoten en 5500 bommen geteld; na een dergelijke behandeling bleven amper tien huizen ongedeerd. De benedenstad was volledig met de grond gelijk gemaakt. Het Franse bombardement betekende het definitieve einde van de oude huizen. Ze worden bijna allemaal weer opgebouwd van het einde van de zeventiende tot de achttiende eeuw.

Vauban, die de operaties van de belegering persoonlijk aanvoert, kent de site en haar zwakheden. Vanaf juli 1684 zet hij een grootscheeps programma op om weer structuur te brengen in het fort. Deze enorme werkzaamheden die twaalf jaar zouden duren, verlenen de stad dat kenmerkende silhouet dat ze nu nog heeft. Vauban breekt een groot deel van de middeleeuwse omwalling af, met name tussen het bastion van de Bock en van de Saint-Esprit. Hij neemt de benedenstad Pfaffenthal op in de omwalling, bouwt de forten van Ober- en Niedergrünewald op de oostelijke hoogtes en start met de bouw van een aantal kazernes, met name van het Rham-plateau, die nu nog altijd bestaan.

De Oostenrijkers doen hun intrede in de vesting op 15 januari 1715. Ze zullen er tot 1795 blijven.

Vanaf 1726 vervolledigen ze de werken van Vauban en beginnen ze op hun beurt, op alle fronten, met enorme bouwwerkzaamheden. Het zijn vooral hun werken die Luxemburg de bijnaam «Gibraltar van het Noorden» zullen geven. Daar waar ze geen nieuwe forten bouwen, versterken ze de bastions, graven ze kazematten uit onder de Bock, in de «Montée de Pfaffenthal» en in de flank van de Pétrusse-vallei, en ook nog eens 23 kilometer galerijen.

Maar met de Franse Revolutie laaien de vijandigheden weer op : Frankrijk verklaart in 1792 de oorlog aan de keizer van Oostenrijk. De Fransen belegeren echter Luxemburg niet, maar sluiten de stad in. Na zes maanden zijn de levensmiddelen en de houtvoorraad echter uitgeput. Op 7 juni 1795 geeft het Oostenrijkse garnizoen van 12 396 man zich over. Dankzij de blokkade blijven Luxemburg en de vesting dit keer echter ongedeerd. Het hertogdom Luxemburg wordt het «Département des Forêts» (Departement Wouden) tot het einde van het keizerrijk van Napoleon.

Op het einde van de achttiende eeuw werden de kloosters van Luxemburg afgeschaft, naar aanleiding van het edict van 1783 dat de Oostenrijkse keizer Jozef II uitvaardigde tegen de beschouwende ordes, of ze werden als «nationale goederen» door de Fransen verkocht. Dit opent, binnen de muren, nieuwe perspectieven op het stuk van stedenbouw. Zo wordt de Jezuïetenkerk – de huidige kathedraal – omgebouwd tot parochiekerk, wat de afbraak van de Sint-Nicolaaskerk in 1779 mogelijk maakt. Het valt ook op dat de meeste huidige belangrijke burgerlijke gebouwen van Luxemburg uit de achttiende eeuw dateren. De meest luxueuze gebouwen zijn dan de refugehuizen van de abdijen, zoals die van Sint-Maximinus – het huidige Ministerie van Buitenlandse Zaken. Tijdens de onophoudelijke oorlogen van de zeventiende eeuw was het een noodzaak voor de abdijen om binnen de omwalling van de vestingstad te beschikken over een wijkplaats; als er tijdens het Oostenrijks bewind weer politieke stabiliteit heerst, worden ze grote woonhuizen waar de abten, hoogwaardigheidsbekleders van de kerk, niet meer kwamen schuilen maar verblijven in de stad.

Hoofdstad van het groothertogdom

Na de val van het Napoleontisch keizerrijk, bedacht het Congres van Wenen (1814-1815) een al even ingewikkelde als verrassende oplossing voor Luxemburg : het hertogdom dat groothertogdom geworden was, werd als persoonlijk familiaal erfgoed geschonken aan Willem I, koning der Nederlanden. De stad Luxemburg werd een federale vestingstad van de Germaanse Confederatie die een Pruisisch garnizoen herbergde.

Door het verdelingsverdrag van 1839 dat het huidig groothertogdom scheidt van het Franstalig gedeelte dat nu bij België hoort, krijgt het land een apart bestuur en wordt Luxemburg de hoofdstad. Door dit nieuwe statuut moesten, in de beperkte ruimte van de bovenstad, officiële gebouwen worden gekocht of gebouwd voor de regeringsinstellingen van de nieuwe Staat, zoals het «Hotel» van de Kamer van Afgevaardigden. De meeste representatieve gebouwen waren al ingenomen door het bestuur van de stad en van het garnizoen. En dat waren niet de enige veranderingen, er moest nu ook gezocht worden naar een prinselijke residentie. Prins Henri, broer van de koning-groothertog Willem III (1849-1890), die op 5 februari 1850 benoemd werd tot luitenant-vertegenwoordiger, heeft een verblijf in de stad nodig. Dat vond hij uiteindelijk in het oude stadhuis. Wanneer de groothertogelijke troon in 1890 overgaat naar het huis van Nassau-Weilburg, wordt het gebouw eens en voor al ingericht als het groothertogelijk paleis, zoals we het nu nog altijd kennen.

Het hart van de oude stad kreeg eindelijk het gezicht van de hoofdstad dat het nog steeds heeft.

De ontmanteling van de vesting

Maar nu terug naar de versterking. De Pruisen doen de dingen nooit half. Ze moderniseren het fort, bouwen viaducts voor de spoorweg – wat het uitzicht van de stad ingrijpend verandert – en ook forten om ze te verdedigen.

Het Verdrag van Londen van 11 mei 1867 maakt een einde aan deze verwoede militaire modernisering die heel veel grond opslorpt, en belet dat de stad weer afgesloten wordt. De artikelen IV en V van het Verslag bepalen immers dat de stad Luxemburg niet langer een vestingstad is en zal omgebouwd worden tot een open stad door de afbraak van de vesting. De 4000 mannen van het Pruisisch garnizoen trekken zich terug op 9 september 1867.

Amper twee maanden later staan alle poorten al open en zijn alle grachten gedempt. In 1868-1869 worden de straten van de oude stad westwaarts doorgetrokken tot grote lanen, wat vroegere verbindingen met de buitenkant van de vesting herstelt. Tussen 1868 en 1879 was de stad één grote bouwplaats – de werken kwamen in een hogere versnelling tussen 1870 en 1871 om te vermijden dat Luxemburg betrokken zou raken bij het Frans-Duitse conflict. De ontmanteling was officieel voltooid op 22 juni 1883.

De astronomisch hoge kostprijs, 1.800.000 frank, werd grotendeels afgeschreven door de verkoop van oude legerterreinen. De niet-bebouwbare zone rond de vesting, die sinds 1749 de uitbreiding van de stad tegenhield, werd afgeschaft. Zo kwam er in één klap 177 hectare beschikbaar, een enorme oppervlakte in vergelijking met de 127 hectare van de bovenstad en van de voorstedelijke wijken. De Luxemburgse Staat eigende zich de vrijgekomen gronden toe, terwijl de stad een schadevergoeding kreeg, wat Eyschen, directeur-generaal van Justitie in 1884 de opmerking ontlokte dat «de aanleg van de nieuwe stad Luxemburg het heel eigen en exclusieve werk is van de Staat».

De inwoners hadden hier een unieke kans om een echte hoofdstad uit te bouwen, met een goed gestructureerde bebouwing, groene ruimtes, pleinen, maar ze zaten al eeuwen lang opgesloten in het oude fort en ze misten deerlijk de nodige ruimdenkendheid en vooral moed, die ze toch aan de dag hadden gelegd om historische monumenten neer te halen. Ondanks enkele visionaire mannen, zoals Minister van Staat Paul Eyschen, en gedetailleerde studies en plannen, kregen maar weinig projecten concreet vorm.

In de tijd van de vesting waren groen en licht schaars in Luxemburg. De huizen drumden tegen elkaar aan, langs nauwe straatjes, de bewoners woonden met de neus op elkaar, met soldaten onder hun dak. De «pleinen» van de oude en van de nieuwe markt waren die naam niet echt waardig. De stad werd ietwat luchtiger in de loop van de zestiende eeuw, met de aanleg van de place d'Armes en de opening van de rue de la Reine aan het paleis. Maar in de 18de eeuw krijgt de afbraak van het onbeminde erfgoed de vorm van een gestructureerd beleid. Want nog steeds om het allemaal wat luchtiger te maken, wordt ook de Sint-Nicolaaskerk op de Marché-aux-Herbes in 1779 met de grond gelijk gemaakt; de Provincieraad wordt in die zelfde periode afgebroken, wat onopzettelijk de Marché-aux-Poissons doet ontstaan. De place Guillaume of Knuedeler lijkt aardig leeg vanaf 1830, het jaar waarin het klooster van de Kordeliers wordt gesloopt.

Deze hele beweging won nog aan kracht vanaf de jaren 1930. Met het oog op «saneringen», werd de wijk uit de 16de-18de eeuw nabij de kathedraal als het ware weggemaaid voor de betwistbare uitbreiding van de kathedraal en om van de lege ruimte een «place» de Clairefontaine te maken. En weg waren de huizen aan de Breitenweg, een aantal huizen aan de rue du Rost, de historische kazernes van Pfaffenthal en Saint-Esprit, vanaf de jaren vijftig. En dat gaat zo maar door, hoewel er niet veel meer af te breken valt...

Tussen 1865 en 1910 steeg de bevolking van 24 204 naar 45 144 inwoners, en de economische opvlucht leidde tot een grote vraag naar bouwgrond.

In het begin van de jaren 1870 werden de boulevard Royal en ook de boulevard du Prince Henri aangelegd op de oude gracht. De hogere burgerij talmde niet en liet meesterwoningen optrekken langs de nieuwe lanen, bij het openbaar park van de «groene kroon», die werd aangelegd op de forten van de vlakte ten westen. Door het gebrek aan strenge reglementering ontstond een wijk met een grote maar weinig samenhangende architecturale verscheidenheid; de huizen aarzelden er tussen neo-renaissance, neobarok en neo-classicisme.

Het park van twintig hectare, dat aangelegd werd op basis van plannen die de Franse landschapsarchitect Edouard André (1840-1911) in 1871 tekende, was in de eerste plaats het resultaat van de vrij aardse bekommernis om een deel van de nieuwe grond te onttrekken aan de markt teneinde een prijzenval tegen te gaan. Dit park moest verder lopen tot aan de vallei van de Pétrusse, samen met een promenade op de hoogtes, die er uiteindelijk kwam tussen 1882 en 1910. In een streven naar romantisme en schilderachtigheid, en ook op advies van de maatschappij voor monumentenzorg, de «Société pour la recherche et la conservation des monuments historiques», bleven enkele elementen zoals het fort Thüngen, de Malakoff Toren of enkele uitkijktorentjes in het parcours opgenomen.

De tweede belangrijke etappe in de vergroting van de stad is de bebouwing van het plateau Bourbon, aan de andere kant van het ravijn van de Pétrusse, tegenover de oude stad. Dit werd mogelijk gemaakt door de bouw van de monumentale Pont Adolphe (1903), waar ingenieur Paul Séjourné voor tekende. Paul Eyschen, voorzitter van de regering (1888-1915) en oud-Minister van Justitie en Openbare Werken, steunde dat project dat in 1906 wordt goedgekeurd, maar dat pas in de jaren twintig helemaal rond is. Eyschen wilde van Luxemburg een echte hoofdstad maken, die er tegelijk monumentaal en toch pittoresk uitzag. De avenue de la Liberté die naar het station loopt en 34 meter breed is, wordt een verkeersas met een monumentale uitstraling. Er worden geen individuele huizen met verschillende hoogtes en in- en dan weer uitspringende gevels opgetrokken zoals aan de boulevard Royal, maar flatgebouwen in hardsteen. De place de Metz, waar de Pont Adolphe op uitkomt, oogt vorstelijk dankzij twee grote symmetrische gebouwen, de zetel van de Spaarkas en van de Spoorwegen. Het «belfort» van de Spaarkas, op de spits van de rotspunt, wil de torens van Sint-Michiel in het noorden en van het station in het zuiden van repliek dienen.

De bebouwing van het Kirchberg plateau

De situatie bij de bebouwing van Kirchberg, in het oosten van de stad, loopt sterk gelijk met deze van het Plateau Bourbon. Ook daar maakt de bouw, in 1963-1964, van de brug Groothertogin Charlotte of *Roud Bréck* (rode brug) mogelijk om dit uitgestrekte plateau van 300 hectare te bebouwen. Het is vooral bedoeld voor de Europese instellingen en daarna voor banken. En de Heichhaus toren verwijst door zijn blootgestelde ligging naar de andere torens van de stad.

De eerste gebouwen van Kirchberg stonden los en hielden geen enkel verband met elkaar. Vanaf begin 1990 besteden de banken, die meestal worden opgetrokken op een identiek perceel van 27 op 144 meter, meer en meer aandacht aan hun voorkomen: kunstwerken, architecten met naam, tuinen. Ook krijgt de vroegere architecturale woestijn stilaan een merkbaar menselijk gelaat. Het stedelijk weefsel wordt dichter en doet de monocultuur van de Europese instellingen plaats ruimen voor een multifunctioneel ensemble. Meer en meer gebouwen voor culturele activiteiten, zoals de nieuwe Musea voor Moderne Kunst Groothertog Jan en de Filharmonie, en voor vrijetijdsbesteding zoals de «Coque» vestigen er zich.

Les sept visages de Luxembourg
Die sieben Gesichter Luxemburgs
The Seven Faces of Luxemburg
De zeven gezichten van Luxemburg

AU cours de son histoire millénaire, le Luxembourg a changé plusieurs fois de visage tout en préservant des éléments des périodes précédentes. Les différentes étapes de cette évolution se trouvent réunies ici. Les Trois Tours *(à gauche)* gardent l'entrée de la ville médiévale, tandis qu'une échauguette espagnole du XVIIe siècle confère un aspect romantique aux fortifications de Vauban. Le Pont Rouge, ou *Rout Bréck*, relie depuis 1966 le centre ancien au nouveau quartier européen du Kirchberg; il enjambe à 75 mètres de hauteur la ville basse du Pfaffenthal, jadis industrieuse, aujourd'hui dans la vallée verdoyante qui ceinture le rocher de Luxembourg.

DURING its more than thousand year history the face of Luxembourg has changed numerous times while preserving elements from the preceding eras. The various stages of this evolution are seen here. The Three Towers *(left)* guard the entry to the mediaeval town, while a 17th century Spanish watchtower gives a romantic air to the fortifications by Vauban. The Red Bridge or *Rout Bréck* has linked the old centre to the new European quarter of Kirchberg since 1966; at 75 metres it spans the lower suburb of Pfaffenthal, once an industrial area, but now a lush green valley encircling the rock of Luxembourg.

IM Laufe seiner tausendjährigen Geschichte hat Luxemburg mehrere Male sein Aussehen verändert, dabei aber Elemente der vorhergehenden Perioden gewahrt. Die verschiedenen Etappen dieser Entwicklung sind hier vereint: Die Drei Türme *(links)* bewachen den Eingang der mittelalterlichen Stadt, während ein spanische Pfostenerker aus dem 017. Jahrhundert den Befestigungsanlagen von Vauban ein romantisches Aussehen verleiht. Die Rote Brücke oder *Rout Bréck* verbindet seit 1966 das alte Zentrum mit dem neuen europäischen Kirchberg-Viertel. Sie überspannt in 75 Metern Höhe die – früher industrielle – Unterstadt Pfaffenthal, die heute in dem grünen Tal liegt, das den Felsen von Luxemburg umgibt.

IN de loop van zijn duizendjarige geschiedenis, onderging Luxemburg meer dan eens een gedaanteverwisseling, terwijl toch elementen uit de vorige periodes bewaard bleven. Dit is een bundeling van de verschillende etappes in die evolutie. De Drie Torens *(links)* bewaken de ingang van de middeleeuwse stad, terwijl een Spaans wachttorentje uit de 17de eeuw de versterkingen van Vauban een romantisch trekje verleent. De Rode Brug *(Pont Rouge of Rout Bréck)* verbindt sinds 1966 het oude centrum met de nieuwe Europese wijk Kirchberg. Ze overspant, op 75 meter hoog, de benedenstad Pfaffenthal. De vroegere industrie maakte hier plaats voor een groene vallei die om de rots van Luxemburg loopt.

Luxembourg, une ville médiévale fortifiée
Luxemburg, eine mittelalterliche Festungsstadt

Le site de Luxembourg, un rocher aux pentes raides sur trois côtés, facilita sa fortification. L'une des maquettes du Musée d'Histoire de la ville la représente à la fin du moyen âge. Peuplée de 5000 habitants, c'est une ville moyenne à cette époque.

De la fin du XIVe au début du XVe siècle, la construction de la troisième enceinte longue de 1850 mètres étend la superficie de Luxembourg de 5 à près de 23 hectares et englobe la ville basse. Ce mur, qui est sensé impressionner les étrangers, est pourvu d'un nombre impressionnant de tours. Il manifeste toute la fierté de la ville et met un terme à cinq siècles d'extension. La ville ne s'étendra plus au-delà de cette limite jusqu'à ce que la forteresse soit rasée, à la fin du XIXe siècle.

Die Lage von Luxemburg auf einem Felsen mit nach drei Seiten steil abfallenden Hängen hat die Befestigung der Stadt erleichtert. Eines der Modelle des Historischen Museums der Stadt Luxemburg zeigt die Stadt gegen Ende des Mittelalters. Zu dieser Zeit ist sie mit ihren 5.000 Einwohnern mittelgroß.

Zwischen dem Ende des 14. und dem Anfang des 15. Jahrhunderts wird die Fläche Luxemburgs durch die Errichtung der 1850 Meter langen dritten Ringmauer von 5 auf rund 23 ha vergrößert und umfasst auch die Unterstadt. Diese Mauer, die Fremde beeindrucken soll – sie ist mit einer eindrucksvollen Zahl von Türmen versehen – und den ganzen Stolz der Stadt zum Ausdruck bringt, stellt das Ende der fünf Jahrhunderte währenden Erweiterung dar. Die Stadt wird nicht mehr über diese Grenze hinauswachsen, bis die Festung Ende des 19. Jahrhunderts geschleift wird.

Luxembourg, a Fortified Mediaeval City
Luxemburg, een versterkte middeleeuwse stad

Luxembourg, built on a rocky promontory with steep slopes on three sides was easily fortified. One of the models of the Museum of the History of the City shows how it was at the end of the Middle Ages With a population of 5000 it was an average sized town at that time.

The construction of the 1850 metre long third set of walls at the end of the 14th and beginning of the 15th centuries expanded the area of Luxembourg from 5 to nearly 23 hectares and encompassed the lower town. These walls built to impress foreigners with their great numbers of towers, and as an image of the city pride, were the culmination of five centuries of expansion. The city never extended beyond these limits until the fortress was razed at the end of the 19th century.

De ligging van Luxemburg, als een rots met steile hellingen aan drie kanten, maakte versterking makkelijker. Een maquette die zich in het Geschiedkundig Museum van de stad bevindt toont hoe ze er op het einde van de middeleeuwen uitzag. Met 5000 inwoners was het in die tijd een middelgrote stad.

Van eind de veertiende eeuw tot begin de vijftiende eeuw breidt de bouw van de derde omwalling met een lengte van 1850 meter de oppervlakte van Luxemburg uit van 5 tot bijna 23 ha en slorpt de benedenstad op. Deze muur moet indruk maken op vreemden – hij telt dan ook een indrukwekkend aantal torens – en drukt de trots uit van de stad, maar maakt tegelijk een einde aan vijf eeuwen van uitbreiding. De stad zal zich nooit meer voorbij deze grens uitstrekken, tot de vesting op het einde van de negentiende eeuw met de grond gelijk wordt gemaakt.

Les **Trois Tours** *(double page précédente et ci-dessus à gauche)* protégeaient la porte de la ville du côté de Pfaffenthal. Au temps de la deuxième enceinte, à la fin du XIIe siècle, seule la tour carrée centrale existait. Elle fut renforcée au XIVe siècle par deux tours rondes. Les tours étaient jadis plus basses et massives, le dernier étage percé de fenêtres n'est qu'un rajout tardif.

Ci-dessus à droite

Découverte en 1997 lors de fouilles archéologiques, cette portion de la **deuxième enceinte** subsiste sur une longueur de 6 mètres et une hauteur de 5 mètres. Le mur était construit avec des pierres taillées sur place, provenant de l'excavation du fossé large de 20 mètres. Ce n'est que dans la deuxième moitié du XVIe siècle qu'il fut rasé jusqu'au niveau de ses fondations. En raison de son caractère symbolique pour l'identité de la ville, il est conservé dans une petite «crypte archéologique» sous la rue de la Reine.

Die **Drei Türme** *(letzte Doppelseite und oben links)* schützten das Stadttor nach Pfaffenthal hin. Zur Zeit der zweiten Ringmauer am Ende des 12. Jahrhunderts gab es nur den eckigen Zentralturm. Im 14. Jahrhundert wurde er durch zwei runde Türme verstärkt. Die Türme waren früher niedriger und massiver. Die letzte mit Fenstern versehene Etage wurde erst im Nachhinein hinzugefügt.

Oben rechts

Dieser 1997 bei archäologischen Ausgrabungen entdeckte Teil der **zweiten Ringmauer** ist auf einer Länge von sechs Metern in einer Höhe von fünf Metern erhalten. Die Mauer wurde aus vor Ort behauenen Steinen gebaut, die aus der Aushebung des 20 Meter breiten Grabens stammten. Erst in der zweiten Hälfte des 16. Jahrhunderts wurde sie bis zu ihren Fundamenten geschleift. Angesichts ihres symbolischen Charakters für die Identität der Stadt wird sie in einer kleinen „archäologischen Krypta" unter der rue de la Reine erhalten.

The **Three Towers** *(preceding double page and above, left)* protected the city gate on the Pfaffenthal side. At the time of the second set of walls, at the end of the 12th century, only the square central tower existed. It was strengthened in the 14th century by the two round towers. The towers were originally squatter and more massive as the upper stories with windows were later additions.

Above, right

This portion of the **second set of walls,** discovered in 1997 during archaeological excavations, is 6 metres long and 5 metres high. The walls were built with stone hewn on the site, left over from the excavation of a ditch 20 metres wide. The walls were only destroyed to their foundations in the second half of the 16th century. Because of their symbolic character in the history of the city the vestiges are preserved in a little "archaeological crypt" under the rue de la Reine.

De **Drie Torens** *(voorgaande dubbele pagina en hierboven links)* beschermden de stadspoort langs de kant van Pfaffenthal. Ten tijde van de tweede omwalling, op het einde van de twaalfde eeuw, bestond enkel de centrale vierkante toren. Hij werd in de veertiende eeuw versterkt met twee ronde torens. De torens waren vroeger lager en massiever. De hoogste verdieping met raamgaten kwam er pas later.

Hierboven rechts

Dit deel van de **tweede omwalling** werd ontdekt tijdens archeologische opgravingen in 1997. Het is nog 6 meter lang en 5 meter hoog. De muur was gebouwd met stenen die ter plaatse werden geslepen en afkomstig waren van de uitgraving van de 20 meter brede gracht. Pas in de tweede helft van de zestiende eeuw werd hij afgebroken tot op het niveau van zijn funderingen. Omwille van zijn symbolisch karakter voor de identiteit van de stad, wordt hij bewaard in een kleine "archeologische crypte" onder de rue de la Reine.

Une fois franchie les Trois Tours, l'antique chaussée nommée à cet endroit la **rue Wiltheim** se prolonge en direction du vieux marché. Elle passe sous une porte voûtée du milieu du XVIe siècle, le *Oberes Pfaffenthaler Tor* (la «porte de Pfaffenthal d'en haut»); la taverne du *«Welle Mann»*, *l'homme sauvage*, invite alors à se rafraîchir. Plus loin, dans la niche du passage reliant les deux côtés de la rue, la statue dorée de la Madone qui provient de la porte de l'Acht (fin XVe s.) remet le passant sur le droit chemin.

Nachdem sie die Drei Türme passiert hat, setzt sich die alte Straße, die hier den Namen **Rue Wiltheim trägt**, in Richtung alter Markt fort, führt unter einem Bogentor, dem *Oberen Pfaffenthaler Tor* aus der Mitte des 16. Jahrhunderts hindurch und an der Taverne *„Welle Mann"* (*„Wilder Mann"*), die zu einer Erfrischung einlädt, vorbei. Die vergoldete Statue der Madonna vom Acht-Tor (Ende 15. Jh.), die sich in der Nische der Straßenüberbrückung befindet, führt den Passanten wieder auf den Weg der Tugend zurück.

Once past the Three Towers, the old road known at this spot as the **rue Wiltheim** leads to the old market. It passes under the vaulted 16th century gate called the Upper gate of Pfaffenthal; the "Wild Man" tavern then offers a spot to relax. Farther on, in the niche of a passage linking the two sides of the street, a gilded statue of the Madonna of Acht dating from the end of the 15th century indicates the right path to passersby.

Voorbij de Drie Torens loopt de oude steenweg, die hier **rue Wiltheim** heet, verder naar de oude markt. Hij komt onder een gewelfde poort uit het midden van de zestiende eeuw, de *Oberes Pfaffenthaler Tor* (de «bovenpoort van Pfaffenthal»); de taverne van de *«Welle Mann»*, de wildeman, nodigt uit voor een verfrissend drankje. Iets verder, in de nis van de doorgang die de twee zijden van de straat met elkaar verbindt, brengt het vergulde beeld van de Madonna van de Acht (einde 15de eeuw) de voorbijganger weer op het rechte pad.

Les alentours du vieux marché, devant l'église Saint-Michel, formaient le quartier privilégié des bourgeois, des nobles et des échevins. C'est ici que les plus anciennes maisons de la ville sont conservées. Une façade de la **rue Wiltheim** présente encore trois niveaux de fenêtres gothiques, tandis qu'un linteau sculpté (XVe-XVIe s.) est décoré de deux blasons dont celui de Luxembourg *(ci-dessus)*.

À droite

Ces maisons étaient dotées de caves accessibles de la rue afin d'y stocker tonneaux de vin et autres marchandises. Telle cette cave monumentale avec voûtes en arc brisé portées par de massifs piliers, qui remonte aux XIIIe ou XIVe siècles; elle fut transformée en citerne au XVIIIe siècle. Ce dernier vestige, intégré plus tard au Conseil Provincial, a été conservé lors de l'excavation du Musée national d'Histoire et d'Art; il abrite aujourd'hui le **Cabinet des Médailles** au sein de cette institution.

Die Umgebung des alten Marktes, der vor der St.-Michael-Kirche stattfand, war das von Bürgern, Adligen und Schöffen bevorzugte Viertel. Hier liegen die ältesten erhaltenen Häuser. Eine Fassade der **rue Wiltheim** weist noch drei Etagen gotischer Fenster auf, während ein verzierter Sturz (15.-16. Jh.) mit zwei Wappen, darunter dem von Luxemburg, geschmückt ist *(oben)*.

Rechts

Die Häuser besaßen von der Straße aus zugängliche Keller, in denen Weinfässer und andere Waren gelagert wurden. So dieser monumentale Keller mit von massiven Pfeilern getragenen Rundbogen-Gewölben, der aus dem 13. oder 14. Jahrhundert stammt. Im 18. Jahrhundert wurde er zu einer Zisterne umgebaut. Dieser letzte – später in den Provinzialrat integrierte – Überrest wurde bei der Ausschachtung des Nationalen Museums für Geschichte und Kunst erhalten. Heute beherbergt er das **Münzkabinett** des Museums.

The neighbourhood around the old market in front of Saint Michael's church was the fashionable district for the burghers, nobles and magistrates. Some of the oldest houses of the city still exist here. A façade on **rue Wiltheim** still has three levels with Gothic windows and a carved lintel (15th-16th century) displays two blazons one of which is that of Luxembourg *(above)*.

Right

These houses had cellars with access to the street in order to house casks of wine and other goods. An example is this huge cellar, dating from the 13th or 14th centuries, with pointed arch vaulting resting on massive pillars. In the 18th century it was made into a cistern. This was later incorporated into the Provincial Council building and was preserved during excavations for the National Museum of History and Art. It now contains the **Coin Cabinet** in this institution.

In de omgeving van de oude markt, aan de Sint-Michielskerk, bevond zich de bevoorrechte wijk van de burgerij, de adel en de wethouders. Hier bleven de oudste huizen van de stad bewaard. Een gevel van de **rue Wiltheim** heeft nog drie verdiepingen met gotische ramen, terwijl een gesculpteerde latei (15de-16de eeuw) gesierd is met twee blazoenen, waaronder dit van Luxemburg *(hierboven)*.

Rechts

Deze huizen hadden kelders die van uit de straat toegankelijk waren om er tonnen wijn en andere goederen op te slaan. Een dergelijke monumentale kelder met spitsbooggewelven, die steunen op massieve pijlers, dateert nog uit de 13de of 14de eeuw; hij werd in de 18de eeuw omgebouwd tot regenput. Dit laatste overblijfsel, dat later werd opgenomen in de Provinciale Raad, werd bewaard bij de uitgraving van het Nationaal Museum van Geschiedenis en Kunst; het huisvest nu het **Penningkabinet** van deze instelling.

▲▶

Sur l'ancienne place du marché, aujourd'hui rue de la Loge, la façade principale de la **maison «*Ënnert de Stailer*» (Sous les piliers)**, est structurée par des encadrements de fenêtres richement décorés de style gothique tardif. Ils datent de la reconstruction de la maison après le grand incendie de 1509. La niche renferme une sculpture composée de sainte Anne, la Vierge Marie et l'Enfant-Jésus (1520). Les arcades sur quatre piliers massifs, qui donnèrent son nom à la maison, furent ajoutées en 1691.

Auf dem ehemaligen Marktplatz ist die Hauptfassade des **Hauses "*Ënnert de Stailer*" (Unter den Pfeilern)**, heute rue de la Loge, durch reich verzierte Fensterrahmen spätgotischen Stils strukturiert. Sie stammen vom Wiederaufbau des Hauses nach dem großen Brand von 1509. Die Nische enthält eine Skulptur mit der Heiligen Anna, der Jungfrau Maria und dem Jesuskind (1520). Die Arkaden auf vier massiven Pfeilern, die dem Haus seinen Namen gaben, kamen 1691 hinzu.

The main façade of the **"*Ënnert de Stailer*" house (Under the Pillars)** on the old market square, now the rue de la Loge, has richly decorated window frames in the Late Gothic style, dating from the reconstruction of the house after the great fire of 1509. A niche contains a sculpture (1520) of Saint Anne, the Virgin and Baby Jesus. The arches, resting on four massive pillars that give their name to the house, were added in 1691.

Op het oude marktplein wordt de hoofdgevel van het **huis "*Ënnert de Stailer*" (Onder de Pijlers)**, vandaag rue de la Loge, gestructureerd door lijsten van rijk versierde ramen in laat-gotische stijl. Ze dateren van de heropbouw van het huis na de grote brand van 1509. De nis omsluit een sculptuur (1520) die bestaat uit de heilige Anna, de Heilige Maagd en het Kind Jezus. De bogen op vier massieve pijlers, die het huis zijn naam gaven, werden in 1691 toegevoegd.

Si l'échauguette de la **maison «*am Tîrchen*» (dans la tourelle)** de la rue de la Loge remonte au XVIe siècle, la devise nationale «*Mir welle bleiwen wat mir sin*», «Nous voulons rester ce que nous sommes», aussi romantique que peu ancienne, n'a été appliquée qu'après la Deuxième Guerre mondiale.

Wenngleich der Turmerker des **Hauses *"am Tîrchen"* (im Türmchen)** der rue de la Loge aus dem 16. Jahrhundert stammt, wurde die – ebenso romantische wie junge – nationale Devise *„Mir welle bleiwen wat mir sin"*, „Wir wollen bleiben, was wir sind", erst nach dem Zweiten Weltkrieg angebracht.

Even though the watchtower of the ***"am Tîrchen"* house (the Turret)** on the rue de la Loge dates back to the 16th century, the national motto *"Mir welle bleiwen wat mir sin"* – "We want to remain what we are" – as romantic as it is recent, was added only after the end of World War II.

Het uitkijktorentje van het **huis *"am Tîrchen"* (het Torentje)** van de rue de la Loge gaat terug tot de 16de eeuw. De nationale leuze «*Mir welle bleiwen wat mir sin*», «wij willen blijven wie we zijn», mag dan romantisch klinken, oud is ze zeker niet, ze werd pas na de tweede wereldoorlog aangebracht.

La rue de la Loge permet encore de se faire une idée des ruelles étroites, impasses et cours intérieures du moyen âge. Certaines maisons du XVIIIe siècle ont conservé des parties plus anciennes, comme la tourelle du XVIe siècle partiellement emmurée dans la **maison** ***«am Tìrchen»*** (page 39). Mais c'est au sous-sol de cette maison que se cachent ses vestiges les plus anciens. Ainsi, cette grande et magnifique cave gothique, le long du vieux marché, qui servait de lieu de stockage des marchandises. Elle est un exemple des premières constructions en dur dans la ville à partir du début du XIVe siècle, fixant ainsi définitivement le plan parcellaire de la vieille ville. Auparavant, la plupart des constructions n'étaient réalisées qu'en bois.

Depuis les années 1980, ce pâté de maisons au cachet médiéval est devenu un haut lieu de la gastronomie et de la vie nocturne luxembourgeoise.

Die rue de la Loge vermittelt noch einen Eindruck von den engen Gassen, Sackgassen und Innenhöfen des Mittelalters. Von einigen Häusern aus dem 18. Jahrhundert sind ältere Teile erhalten, wie das teilweise eingemauerte Türmchen aus dem 16. Jahrhundert im **Haus** ***"am Tìrchen"*** (Seite 39). Aber im Untergeschoss dieses Hauses verbergen sich die ältesten Überreste. So dieser herrliche große gotische Keller entlang des großen Marktes, der als Warenlager diente. Er ist ein Beispiel für die ersten Steinbauten in der Stadt Anfang des 14. Jahrhunderts, die den Parzellenplan der Altstadt endgültig festlegten. Zuvor bestanden die meisten Bauten lediglich aus Holz.

Seit den 1980er Jahren ist dieser Häuserblock mittelalterlicher Prägung ein Zentrum der Gastronomie und des Nachtlebens Luxemburgs geworden.

Rue de la Loge is a good example of the narrow streets, blind alleys and inner courtyards of the Middle Ages. Some 18th century houses have incorporated parts of older structures such as the 16th century turret built into the ***"am Tìrchen" house*** on page 39. The oldest elements are hidden in the basement such as this large and magnificent Gothic cellar along the old market that stored merchandise. It is an example of one of the first buildings in durable material at the beginning of the 14th century thus fixing the division of lots permanently in the old town. Before then most of the buildings were in wood.

Since the 1980's this block of mediaeval houses has become the centre of gastronomy and nightlife in the city.

De rue de la Loge geeft nog een aardig idee van de smalle steegjes, doodlopende straatjes en binnenplaatsen uit de Middeleeuwen. Van bepaalde huizen uit de 18de eeuw werden nog oudere delen bewaard, zoals het torentje uit de 16de eeuw dat deels ingemetseld zit in het **huis** ***"am Tìrchen"*** (pagina 39). Maar de oudste overblijfselen in dit huis zijn te zoeken in de kelderverdieping. Zoals deze grote en prachtige gotische kelder, langs de oude markt, die als goederenopslagplaats diende. Hij is een voorbeeld van de eerste constructies in hardsteen in de stad vanaf begin de veertiende eeuw. Zo kwam het perceelplan van de oude stad definitief vast te liggen. Voordien bestonden de meeste constructies uit hout.

Sinds de jaren tachtig is dit blok middeleeuws aandoende huizen het Mekka van de Luxemburgse gastronomie en het nachtleven geworden.

Le nom de cette rue, ***Breedewee***, rue Large, renvoie à la faible largeur des rues au moyen âge. Étroite de nos jours, celle-ci était alors considérée comme vaste. C'était l'accès principal à Luxembourg en venant de Trèves et Metz, qui aboutissait au marché devant l'église Saint-Michel. À un angle, en un endroit stratégique de cette montée périlleuse pour les charrois, se trouve une échoppe avec ses larges baies typiques du XVIe siècle.

En 1898, les maisons du côté gauche furent rasées lors d'un des nombreux «assainissements», de sinistre mémoire, de la ville.

Der Name dieser Straße, ***Breedewee***, erinnert an die geringe Breite der mittelalterlichen Straßen. Die heute enge Straße galt damals als breit. Sie war der Hauptzugang zu Luxemburg von Trier und Metz aus und führte zum Markt vor der St.-Michael-Kirche. An einer Ecke, an einer strategisch wichtigen Stelle dieser für die Wagen gefährlichen Steigung, befand sich ein Laden mit den für das 16. Jahrhundert typischen breiten Öffnungen.

1898 wurden die Häuser auf der linken Seite bei einer der zahlreichen in schlechter Erinnerung bleibenden „Stadtsanierungen" abgerissen.

The name of this street, ***Bredewee***, or 'Wide Street', evokes the width of mediaeval streets. Though narrow by our standards today, it was considered to be very wide then. It was the main road to Luxembourg when coming from Trier or Metz, ending at the market in front of St. Michael's church. Strategically placed on a curve on this ascent, dangerous for carts, is a workshop with large windows typical of the16th century.

In 1898 the houses on the left side were demolished during one of the numerous and regretted "improvements" imposed on the city.

De naam van deze straat, ***Breedewee***, maakt duidelijk hoe smal de middeleeuwse straten wel waren. In onze ogen lijkt ze aan de nauwe kant, maar voor die tijd werd ze best als breed beschouwd. Het was de belangrijkste toegangsweg naar Luxemburg, vanuit Trier en Metz, en hij mondde uit op de markt aan de Sint-Michielskerk. Op een hoek, op een strategische plek van deze voor de karren gevaarlijke klim, bevindt zich een winkeltje met de typische grote brede ramen uit de zestiende eeuw.

In 1898 werden de huizen aan de linkerkant met de grond gelijk maakt tijdens één van de vele «saneringen» van de stad, die maar best snel vergeten worden.

Avant de déboucher sur le vieux marché, le Bredewee traverse la porte dite ***Hellepuert***. Jusqu'au XVIe siècle, la rue Large semble avoir été voûtée ici. Elle menait aux halles à blé et à draps. Le langage populaire allait déformer «*Halle*» en «*Hölle*» (enfer), d'où le nom de la porte.

Before arriving at the old market, the Bredewee crosses through the gate called **Hellepuert**. It seems that Wide Street was vaulted here until the 16th century. It led to the cloth hall and corn market which were called Halles. The vernacular transformed *"Halle"* into *"Hölle"*"(hell) whence the name of the gate.

Bevor der Bredewee auf den alten Markt mündet, führt er durch das ***Hellepuert*** genannte Tor. Bis zum 16. Jahrhundert scheint die rue Large, die zu den Getreide- und Tücherhallen führte, hier überwölbt gewesen zu sein. Der Volksmund hat *„Halle"* zu *„Hölle"* gemacht, daher der Name des Tors.

De Breedewee loopt eerst nog door de zogenoemde ***Hellepuert*** of Hellepoort. Tot in de zestiende eeuw was de rue Large hier blijkbaar nog overwelfd. Ze leidde naar de graan- en lakenhallen. In de volkstaal zou het woord «*Halle*» verbasterd worden tot «*Hölle*» (hel), vandaar de naam van de poort.

Pages 45

Voici la **troisième enceinte**, construite principalement sous le règne du duc Wenceslas (1351-1383), financée par une taxe commerciale ainsi que par un impôt sur la consommation du vin. Elle intégrait pour la première fois le bas quartier du Grund, situé le long de l'Alzette. Le plateau du Rham *(à l'arrière-plan)* comporte les vestiges les mieux conservés de cette enceinte.

Pages 46 à 49

Le pont fortifié sur l'Alzette, le «**Stierchen**», fut construit au milieu du XVe siècle. Il était initialement flanqué de deux tours, mais celle de la rive droite a été démantelée en 1604 pour faire place à l'escarpe espagnole. Dans le prolongement du Stierchen, la *Kruedelspforte* mentionnée depuis 1395 permettait l'accès à Luxembourg par la route de Trèves. Devant cette porte furent trouvés, lors de fouilles archéologiques, les squelettes de deux exécutés aux pieds et mains liés.

Seite 45

Hier ist die **dritte Ringmauer**, die vor allem unter der Herrschaft von Herzog Wenzel (1351-1383) erbaut und durch eine Handelssteuer sowie durch eine Steuer auf den Weinkonsum finanziert wurde. Sie bezog zum ersten Mal die entlang der Alzette gelegene Unterstadt Grund mit ein. Das Rham-Plateau *(im Hintergrund)* enthält die am besten erhaltenen Überreste dieser Stadtmauer.

Seite 46 bis 49

Die befestigte Brücke auf der Alzette, der "**Stierchen**", wurde Mitte des 15. Jahrhunderts gebaut. Sie war anfänglich von zwei Türmen umgeben, aber der am rechten Ufer wurde 1604 abgerissen, um der spanischen Eskarpe zu weichen. Die seit 1395 erwähnte, in der Verlängerung des Stierchens gelegene *Kruedelspforte* ermöglichte den Zugang zu Luxemburg über die von Trier kommende Straße. Vor diesem Tor wurden bei archäologischen Ausgrabungen die Skelette zweier Exekutierter mit gefesselten Füßen und Händen gefunden.

Page 45

Here are the **third walls**, built mainly during the reign of Duke Wenceslas (1351-83) and financed by business taxes as well as a tax on the consumption of wine. The walls enclosed for the first time the lower suburb of Grund, along the Alzette. The Rham plateau in the background has the best-preserved vestiges of the third wall.

Pages 46 to 49

The "**Stierchen**" a fortified bridge over the Alzette was built in the middle of the 15th century. It was originally flanked by two towers but the one on the right bank was torn down in 1604 to make way for the Spanish talus. In the extension of the Stierchen, the *Kruedelspforte*, first mentioned in 1395, gave access to Luxembourg when coming from Trier. During archaeological digs around this gate the skeletons of two people who had been executed with their hands and feet bound were found.

Pagina 45

Dit is de **derde omwalling**, die hoofdzakelijk onder het bewind van hertog Wenceslas (1351-1383) werd aangelegd. Het geld kwam van de handelstaks en ook van een belasting op het wijnverbruik. Ze omvatte voor het eerst de benedenwijk van Grund, langs de Alzette. Het plateau van de Rham *(op de achtergrond)* bevat de best bewaarde overblijfselen van de derde omwalling.

Pagina's 46 tot 49

De versterkte brug over de Alzette, de "**Stierchen**", werd in het midden van de vijftiende eeuw gebouwd. Ze was oorspronkelijk geflankeerd door twee torens, maar deze van de rechteroever werd in 1604 ontmanteld om plaats te ruimen voor het Spaanse binnentalud. In het verlengde van de Stierchen ligt de *Kruedelspforte*, die al in 1395 vermeld wordt. Deze poort gaf toegang tot Luxemburg vanuit Trier. Aan deze poort werden bij archeologische opgravingen de geraamtes gevonden van twee terechtgestelden, aan voeten en handen gebonden.

Double page précédente
La **tour Jacob** ou *Dinselpuert* carrée qui domine le **plateau du Rham** est déjà citée en 1426-1427. Son passage voûté en arc brisé était protégé par trois portes successives. C'était l'entrée principale en venant de l'est. L'octroi y était prélevé sur les marchandises importées.
Page de gauche, à l'arrière-plan
Les tours semi-circulaires du Rham, dites «à gorge ouverte», ne sont pas fermées du côté de la ville afin que l'ennemi ne puisse s'en servir en cas d'attaque. À l'avant-plan, le Stierchen au-dessus de l'Alzette.
Ci-dessous
À l'autre extrémité du plateau du Rham, après une descente par un escalier sinueux, l'on aboutit à l'écluse fortifiée «**Maierchen**». L'enceinte, qui fermait ici la vallée de l'Alzette vers l'est, est traversée par la porte «Bisserpuert» et le bief du moulin. Ceci nous signale qu'il s'y trouvait déjà un moulin à eau au moyen âge.

Letzte Doppelseite
Der viereckige **Jakobsturm** oder *Dinselpuert*, der das **Rham-Plateau** beherrscht, wird bereits in den Jahren 1426-1427 erwähnt. Sein gewölbter Rundbogendurchlass wurde durch drei aufeinander folgende Tore geschützt. Es war der Hauptzugang von Osten. Auf die importierte Ware wurde hier Zoll erhoben.
Linke Seite, im Hintergrund
Die halbrunden Türme des Rham sind zur Stadt hin nicht geschlossen, damit der Feind sie im Angriffsfall nicht nutzen kann. Im Vorgrund, der Stierchen auf der Alzette.
Unten
Am anderen Ende des Rahm-Plateaus gelangt man nach einem Abstieg über eine gewundene Treppe zur befestigten Schleuse "**Maierchen**". Die Ringmauer, die hier das Alzette-Tal nach Osten abschloss, wird vom Tor "Bisserpuert" und dem Mühlbach durchquert. So wissen wir, dass es hier bereits im Mittelalter eine Wassermühle gab.

Preceding double page
The square *"Dinselpuert"* or **Jacob's tower** that dominates the **Rham plateau** was already mentioned in 1426-1427. Three successive doors protected its passageway, vaulted in pointed arches. It was the principal entry when coming from the East. Taxes on imported goods were collected here.
Page left, background
The semi-circular towers on the Rham were called "open-throat" because they were not closed on the city side so that the enemy could not use them in case they were captured. On the foreground, the Stierchen over the Alzette.
Below
After descending a winding staircase at the other end of the Rham plateau, one arrives at the "**Maierchen**", a fortified lock. The wall that closed off the valley of the Alzette towards the East is crossed by the *"Bisserpuert"* and the millrace, which proves that there was already a water mill in the Middle Ages.

Voorgaande dubbele pagina
De vierkante **Jakobstoren** of *"Dinselpuert"* die boven het **Rham-plateau** uittorent, wordt al vernoemd in 1426-1427. De doorgang met spitsbooggewelf werd beschermd door drie opeenvolgende poorten. Dit was de hoofdingang vanuit het oosten. Daar werd een tol geheven op de ingevoerde goederen.
Pagina links, op de achtergrond
De halfronde torens van de Rham, met zogenoemde "open keel", zijn niet afgesloten aan de kant van de stad, zodat de vijand er geen gebruik kan van maken bij een aanval. Op de voorgrond, de Stierchen over de Alzette.
Hieronder
Aan het andere uiteinde van het Rham-plateau voert een kronkelende trap naar de versterkte sluis, de "**Maierchen**". De ommuring die hier de vallei van de Alzette oostwaarts afsloot, wordt doorkruist door de "Bisserpuert" en de waterloop van de molen. Dit vertelt ons dat hier ook in de Middeleeuwen al een molen stond.

Héritière de la Renaissance et du baroque
Das Erbe aus der Renaissance- und Barockzeit

Entre le XVIe et le XVIIIe siècle, suite à plusieurs destructions par des incendies et des bombardements (1509, 1554, 1683/84), la ville change complètement d'aspect. L'enceinte médiévale est de plus en plus abandonnée et remplacée par des fortifications modernes. La ville devient forteresse, rendant toute extension impossible. Mais évoquons d'abord les bâtiments civils et la vie dans Luxembourg au XVIe siècle.

Zwischen dem 16. und dem 18. Jahrhundert hat sich das Aussehen der Stadt infolge mehrerer Zerstörungen durch Brände und Bombardierungen (1509, 1554, 1683/84,) völlig gewandelt. Die mittelalterliche Ringmauer wird zunehmend aufgegeben und durch moderne Befestigungsanlagen ersetzt. Die Stadt wird zu einer Festung, die jede Erweiterung unmöglich macht. Aber gehen wir zunächst auf die zivilen Gebäude und das Leben in Luxembourg im 16. Jahrhundert ein.

The Renaissance and Baroque Legacy
Erfgename van de renaissance en de barok

Between the 16th and 18th centuries, following much destruction by the fires and shelling of 1509, 1554, 1683 and 1684, the city changed completely. The mediaeval walls were gradually abandoned and replaced by more modern fortifications. The city became a fortress, making expansion impossible. Let us look first at the civic buildings and life in Luxembourg in the 16th century.

Tussen de16de en de 18de eeuw veranderde het uitzicht van de stad volkomen, als gevolg van de verwoestende branden en bombardementen (1509, 1554, 1683, 1684). De middeleeuwse omwalling wordt meer en meer vervangen door moderne versterkingen. De stad wordt een vesting, uitbreiden kan niet meer. Maar laten we eerst even stilstaan bij de burgerlijke gebouwen en bij het leven van de Luxemburgers in de 16de eeuw.

Triple page précédente
Nous nous trouvons ici à l'extérieur du tracé de la deuxième enceinte que rappelle la tour Mohr-de Waldt reconstruite *(au centre vers la droite)*. On remarque l'espace restreint qu'occupe le **noyau urbain du XIIe siècle** ainsi que la densité de l'occupation du sol. Au-delà des toitures du refuge de Saint-Maximin, dissimulées par la tour de la cathédrale, et de la Maison de Bourgogne *(à l'avant-plan à droite)* se dessine la tour du palais grand-ducal qui a remplacé le beffroi et, à côté, l'Hôtel de la Chambre des Députés *(au centre)*. On aperçoit plus loin le clocher de l'église Saint-Michel et, à droite, la ville basse du Grund et le plateau du Rham. À l'horizon se détachent les tours du Kirchberg.

Ci-dessus
Plus grande église de la ville, l'église du collège des Jésuites (1613-1621) est, depuis 1870, la **cathédrale** du nouveau diocèse de Luxembourg. Elle connut en 1935-1937 un agrandissement considérable de son chœur et la construction d'une tour, accompagnée de la destruction de plusieurs bâtiments du collège du XVIIe siècle.

Vorhergehende Dreifachseite
Wir befinden uns außerhalb des Verlaufs der zweiten Ringmauer, an die der wiederaufgebaute Mohr-de Waldt-Turm erinnert *(von der Mitte aus nach rechts)*. Die Enge des **Stadtkerns im 12. Jh.** und die Dichte der Bodennutzung sind deutlich erkennbar. Über den Dächern des Refugiums der Abtei St. Maximin, durch die Turmspitze verdeckt, und der Maison de Bourgogne *(vorne rechts)* zeichnen sich der Turm des Großherzoglichen Palasts, der den Belfried ersetzt hat, und daneben das Abgeordnetenhaus *(in der Mitte)* ab. Weiter hinten ist der Glockenturm der St. Michaels-Kirche zu erkennen und auf der rechten Seite die Unterstadt Grund und das Rham-Plateau. Im Hintergrund erheben sich die Türme von Kirchberg.

Oben
Die größte Kirche der Stadt, die Kirche des Jesuitenkollegs (1613-1621) ist, seit 1870, die **Kathedrale** der neuen Diözese Luxemburg. 1935-1937 wurde ihr Chor erheblich erweitert, und es wurde ein Turm gebaut, während mehrere Gebäude des Kollegs aus dem 17. Jahrhundert abgerissen wurden.

Preceding triple page
Here we are at the exterior of the outline of the second walls, marked by the reconstructed Mohr-de Waldt tower seen in the centre, to the right. This demonstrates the small amount of space of **the 12th century urban core** and the density of the population. Beyond the roofs of the Saint Maximin refuge – hidden by the spire – and the House of Burgundy *(right, foreground)* rises the tower of the Grand Ducal Palace that replaced the belfry and beside it the Chamber of Deputies *(middle)*. Farther in the distance is the bell tower of Saint Michael's church and, to the right, the lower city of Grund and the Rham plateau. The towers of Kirchberg rise in the distance.

Above
The church of the Jesuit's College (1613-1621) is the largest of the city and since 1870 has been the **cathedral** of the new diocese of Luxembourg. Between 1935 and 1937 the choir was enlarged considerably and a tower was built. Several buildings of the 17th century college were also razed at that time.

Voorgaande drieledige pagina
Wij bevinden ons nu buiten het tracé van de tweede omwalling met de heropgebouwde Mohr-de Waldt toren (in het midden rechts) als aandenken. Hier wordt duidelijk dat de **stadskern in de 12de eeuw** zeer beperkt was en dat omzeggens elk stukje grond werd benut. Voorbij de daken van het refugiehuis van Sint-Maximinus, verborgen achter de torenspits, en het huis van Bourgondië *(op het voorplan rechts)* tekent zich de toren van het groothertogelijk paleis af, dat het belfort verving. Daarnaast staat het Huis van de Kamer van Afgevaardigden *(in het midden)*. In de verte is de klokkentoren van de Sint-Michielstoren te ontwaren en rechts, de benedenstad Grund en de hoogvlakte van de Rham. Tegen de einder zijn de torens van Kirchberg zichtbaar.

Hierboven
De kerk van het Jezuïetencollege (1613-1621) is de grootste van de stad en is sinds 1870 de **kathedraal** van het nieuwe bisdom van Luxemburg. Het koor werd in 1935-1937 aanzienlijk vergroot en tevens werd er een toren bijgebouwd, terwijl een aantal gebouwen van het college uit de zeventiende eeuw werden afgebroken.

La nudité à peine voilée de la «***Gelle Fra***» (la femme en or) à proximité de la **cathédrale** n'a pas toujours été facile à supporter par le clergé... Inaugurée en 1923, elle rappelle le sacrifice de nombreux Luxembourgeois engagés dans la Légion étrangère française lors de la Première Guerre mondiale, qui permettent de placer après coup le Luxembourg, neutre au cours de ce conflit, dans le camp des Alliés. L'occupant allemand détruira le monument en 1940; il ne sera reconstruit qu'en 1985.

Le portail baroque de la cathédrale est richement sculpté. Les saints Ignace de Loyola, fondateur de l'ordre des Jésuites, et François-Xavier se tiennent de part et d'autre du blason de l'ordre porté par des anges, tandis que Pierre et Paul voisinent avec une Vierge à l'Enfant.

Die kaum verhüllte Nacktheit der 1923 eingeweihten "***Gelle Fra***" (goldene Frau) in der Nähe der **Kathedrale** war für den Klerus nicht immer leicht zu ertragen... Sie erinnert an das Opfer der zahlreichen Luxemburger in der französischen Fremdenlegion im Ersten Weltkrieg, dank derer das während des Konflikts neutrale Luxemburg hinterher in das Lager der Alliierten wechseln konnte. Das Monument wurde 1940 von den deutschen Besatzern zerstört und erst 1985 wieder errichtet.

Das barocke Tor der Kathedrale ist mit Skulpturen reich verziert. Der Gründer des Jesuitenordens, der Heilige Ignazius von Loyola, und der Heilige Franz Xaver befinden sich zu beiden Seiten des von Engeln getragenen Wappens des Ordens, während die Heiligen Peter und Paul neben einer Jungfrau mit Kind zu sehen sind.

The thinly disguised nudity of the "***Gelle Fra***" or "Golden Woman", near the **Cathedral** has not always been appreciated by the clergy. Dedicated in 1923, she symbolizes the sacrifices made by the many Luxembourgers who enlisted in the French Foreign Legion during the First World War. Their presence made it possible for Luxembourg, officially neutral during the conflict, to be considered as a member of the Allies. The Germans destroyed it in 1940, during the Occupation and it was only reconstructed in 1985.

The baroque portal of the cathedral is lavishly carved. Saint Ignatius Loyola, founder of the Jesuit Order, and Saint François Xavier stand on one side and the other of the Jesuit coat of arms supported by angels, while Saints Peter and Paul stand next to the Virgin and Child.

De amper verhulde naaktheid van de "***Gelle Fra***" (de vrouw van goud), zo dicht bij de **kathedraal**, was de clerus meer dan eens een doorn in het oog... Het beeld werd ingehuldigd in 1923 en herinnert aan het offer dat vele Luxemburgers brachten als soldaat van het Franse Vreemdelingenlegioen tijdens de Eerste Wereldoorlog. Zo werd Luxemburg, dat neutraal was in dit geschil, bij de Bondgenoten gerekend. De Duitse bezetter zal het monument slopen in 1940. Pas in 1985 wordt het weer opgebouwd.

Het barokke portaal van de kathedraal is rijk gesculpteerd. De heilige Ignatius van Loyola, stichter van de Jezuïetenorde, en Franciscus Xaverius prijken aan weerskanten van het blazoen van de orde dat door engelen wordt gedragen. De heilige Pieter en de heilige Paulus houden zich op naast een Maagd met Kind.

L'abondance de sculpture se poursuit à l'**intérieur de la cathédrale**, notamment au jubé, véritable paradis d'anges.

Die Fülle der Skulpturen setzt sich im **Innern der Kathedrale** fort, insbesondere im Lettner, einem echten Paradies für Engel.

The wealth of sculpture continues **inside the cathedral**, notably on the rood screen, a true paradise of angels.

Ook **binnen de kathedraal** is het sculptuurwerk erg weelderig, vooral aan het doksaal, een heus engelenparadijs.

6

À gauche

Qui se douterait que, derrière la façade du XVIIIe siècle de cette «simple» maison patricienne à l'ombre de la cathédrale, se trouve depuis 1975 le Ministère d'État, soit la Présidence du Gouvernement. La tour d'escalier du XVe siècle avec ses encadrements de style gothique tardif est la partie la plus ancienne de l'**Hôtel de Bourgogne**. L'édifice doit son nom au gouverneur bourguignon Claude de Neuchâtel (1480-1487/89).

Ci-dessus

L'**ancien refuge de l'abbaye Saint-Maximin** à Trèves, de 1751, était la plus riche construction de la ville, digne du plus haut représentant du clergé qu'était Willibrord Scheffer, fils d'un orfèvre de Luxembourg, élu abbé de Saint-Maximin en 1738. La structure longiligne de la façade surmontée par un toit de trois étages, d'après les plans de l'ingénieur militaire Nicolas Steinmetz, trahit l'influence de l'architecture militaire.

Links

Wer würde vermuten, dass hinter der aus dem 18. Jahrhundert stammenden Fassade dieses „einfachen" Patrizierhauses im Schatten der Kathedrale das Staatsministerium, seit 1975 der Amtssitz der Regierung liegt. Der Treppenturm aus dem 15. Jahrhundert mit seinen spätgotischen Tür- und Fensterrahmen ist der älteste Teil des **Maison de Bourgogne**. Das Gebäude verdankt seinen Namen dem burgundischen Gouverneur Claude de Neuchâtel (1480-1487/89).

Oben

Das **ehemalige Refugium der Abtei St. Maximin** in Trier von 1751 war das reichste Bauwerk der Stadt und des höchsten Vertreters des Klerus würdig: Willibrord Scheffer, Sohn eines Luxemburger Goldschmieds, der 1738 zum Abt von St. Maximin gewählt wurde. Die langgestreckte Struktur der Fassade, über der sich ein Dach aus drei Etagen nach den Plänen des Militäringenieurs Nicolas Steinmetz befindet, verrät den Einfluss der Militärarchitektur.

Left

Who would believe that behind the 18th century façade of this simple patrician residence near the cathedral are the offices of the President of the Government who bears the title of Minister of State. The 15th century staircase turret with it window frames in Late Gothic is the oldest part of the **House of Burgundy**. The building owes its name to the Burgundian governor Claude of Neuchâtel (1480-1487/89).

Above

The **former refuge of Saint Maximin's Abbey** in Trier, dating from 1751, was the most lavish building of the city, worthy of Willibrod Scheffer, the most high clerical representative who was the son of a Luxembourg goldsmith and elected Abbot of Saint Maximin in 1738. Its long façade crowned by a three-story roof, attests to the training in military architecture of the engineer, Nicholas Steinmetz.

Links

Wie zou vermoeden dat er achter de achttiende-eeuwse gevel van deze «gewone» patriciërswoning in de schaduw van de kathedraal, het Staatsministerie, of het Voorzitterschap van de Regering, huist. De torentrap uit de vijftiende eeuw met zijn laat-gotische lijsten is het oudste gedeelte van het **Huis van Bourgondië.** Het pand dankt zijn naam aan de Bourgondische gouverneur Claude de Neuchâtel (1480-1487/89).

Hierboven

Het **vroegere refugiehuis van de Sint-Maximinusabdij** in Trier, uit 1751, was de oudste constructie van de stad en was beslist de hoogste vertegenwoordiger van de clerus, namelijk Willibrord Scheffer, waardig. Hij was de zoon van een Luxemburgse edelsmid en werd in 1738 verkozen tot abt van Sint-Maximinus. De langgerekte gevelstructuur met daarboven een dak van drie verdiepingen, naar de plannen van de legeringenieur Nicolas Steinmetz, verraadt de invloed van de militaire architectuur.

▸▸ Résidence du gouverneur de la garnison prussienne de 1839 à 1867, l'**ancien refuge de l'abbaye Saint-Maximin** devint ensuite l'Hôtel du Gouvernement. Il est occupé aujourd'hui par le Ministère des Affaires étrangères.

Son aménagement intérieur est le mieux conservé de la ville. C'est Paul Eyschen, ministre de la Justice de 1876-1888 et ministre d'État de 1888-1915 qui sut reconnaître sa grande qualité d'exécution. Il fit remettre en place les belles portes Louis XV qui se trouvaient au grenier, restaurer les stucs et remeubler le bâtiment avec des antiquités qui provenaient en partie de cet établissement, dispersées suite à la sécularisation.

L'enfilade des salons de réception, avec leurs grandes portes sculptées de rocailles, leurs élégants plafonds en stuc, leurs boiseries murales, forment une harmonie d'une grande élégance et témoignent du savoir-faire des artisans, notamment des sculpteurs Nicolas Anseaux et Barthélemy Namur qui les ont exécutés de 1752 à 1754.

Le panneau central du plafond de la salle du Conseil représente les armes conjuguées de l'abbaye de Saint-Maximin, l'ours et l'aigle, et de l'abbé Scheffer, le ciboire.

Nachdem es von 1939 bis 1867 Residenz des Gouverneurs der preußischen Garnison gewesen war, wird das **ehemaligen Refugium der Abtei St. Maximin** anschließend Regierungsgebäude. Heute wird es vom Außenministerium genutzt.

Die Inneneinrichtung ist die am besten erhaltene der Stadt. Paul Eyschen, Justizminister seit 1876 und Staatsminister von 1888-1915 hat die große Qualität ihrer Ausführung erkannt. So ließ er die schönen Louis-XV-Türen, die sich auf dem Speicher befanden, wieder einsetzen, die Stuckarbeiten restaurieren und das Gebäude mit zum Teil aus dieser Einrichtung stammenden Antiquitäten, die infolge der Säkularisierung verstreut waren, neu möblieren.

Die Flucht der Empfangssalons mit ihren großen mit Muschelwerk verzierten Türen, ihren eleganten Stuckdecken und ihren Wandtäfelungen bilden eine Harmonie von großer Eleganz und zeugen vom Können der Künstler, insbesondere der Bildhauer Nicolas Anseaux und Barthélemy Namur, die sie von 1752 bis 1754 ausgeführt haben.

Die zentrale Motiv der Decke des Ratssaals stellt die vereinigten Wappen der Abtei von St. Maximin, Bären und Adler, und des Abtes Scheffer, einen Kelch dar.

From 1839 to 1867 the **former refuge of Saint Maximin's Abbey** was the residence of the Governor of the Prussian garrison and then later became Government House. Today it houses the Ministry of Foreign Affairs.

Its interior decoration is the best preserved in the city. Minister Paul Eyschen recognized the fine quality of the building. He had the handsome Louis XV doors that languished in the attic reinstalled, restored the stucco work and refurnished the building with antiques, some of which were part of the original furniture of the establishment, dispersed after secularization.

The suite of reception rooms with their large doors, sculpted in the rococo style, their elegant stucco ceilings, and decorative wooden panelling form an elegant and harmonious ensemble, attesting to the expertise of the artisans, particularly Nicholas Anseaux and Bathélemy Namur who made them between 1752 and 1754.

The central panel of the ceiling in the Council Chamber presents the combined arms of the Abbey of Saint Maximin – the bear and eagle – and the ciborium of Abbot Scheffer.

De **vroegere refuge van de abdij van Sint-Maximinus** werd daarna de woning van de gouverneur van het Pruisisch garnizoen van 1839 tot 1867 en huisvestte vervolgens de Regering. Het wordt nu ingenomen door het Ministerie voor Buitenlandse Zaken.

Zijn binneninrichting is het best bewaard van de stad. Het was minister Paul Eyschen die tijdig de grote kwaliteit van de uitvoering besefte. Hij liet de mooie Lodewijk XV-deuren van de zolder halen en terugplaatsen, het stucwerk restaureren en het gebouw opnieuw bemeubelen met antiek dat vroeger tot dit pand behoorde, maar door de secularisatie her en der verspreid geraakte.

De hele rij ontvangstsalons, met hun grote met schelpwerk gesculpteerde deuren, hun elegante stucplafonds, hun muurhoutwerk, vormen een bijzonder sierlijke harmonie en getuigen van het vakmeesterschap van de sculpteerders Nicolas Anseaux en Barthélemy Namur die ze tussen 1752 en 1754 uitvoerden.

Op het middenpaneel van het plafond van de Raadzaal zijn de wapens te zien van de abdij van Sint-Maximinus, de beer en de arend, en van abt Scheffer, de hostiekelk.

À droite
Dans une cour intérieure de la rue de la Reine, toute proche du palais grand-ducal, la **maison de Raville** (1575) présente une façade d'une grande pureté stylistique, avec des fenêtres à croisées ou meneaux, et un long balcon à garde-corps en pierre ajouré soutenu par des consoles décorées. Entièrement démontée en 1978 lors d'une «rénovation», la façade fut reconstituée mais l'immeuble a perdu toutes ses structures historiques intérieures.

Non loin, remployé dans l'angle de la façade de la maison Mohr-de Waldt, rue Marché-aux-Herbes, un lion sculpté *(ci-dessous)* garde la rue.

Page de gauche
Le beau et sobre portail de la rue de Congrégation appartient à l'ancienne église de la Trinité (1739-1742) devenue **temple protestant** en 1819. Elle fut érigée dans un style baroque plutôt dépouillé et ornée d'un petit clocheton en poivrière. À côté, le cloître de la Congrégation sécularisé en 1798 abrite une école primaire, perpétuant ainsi la tradition des sœurs qui enseignaient ici.

Links
Das in einem ganz in der Nähe des großherzoglichen Palastes gelegenen Innenhof in der Rue de la Reine zu findende **Haus von Raville** (1575) besitzt eine Fassade von großer Stilreinheit. Kreuzfenster und ein langer Balkon mit skulptiertem Steingeländer, der von verzierten Konsolen gestützt wird, ergänzen sich harmonisch. Die 1978 bei einer „Renovierung" ganz auseinander genommene Fassade wurde wieder rekonstruiert, aber das Innere des Gebäudes hat alle historischen Strukturen verloren.

Etwas weiter, in der Ecke der Fassade des Mohr-de Waldt-Hauses in der rue Marché-aux-Herbes bewacht ein in Stein gehauener Löwe *(unten)* die Straße.

Linke Seite
Das schöne und schlichte Portal der rue de la Congrégation gehört zur ehemaligen Dreifaltigkeitskirche (1739-1742), die 1819 zu einer **protestantischen Kirche** geworden ist. Sie wurde in einem eher schmucklosen Barockstil errichtet und mit einem kleinen Kegeltürmchen geschmückt. Das daneben liegende 1798 säkularisierte Kongregationskloster beherbergt eine Grundschule, so dass die Tradition der Schwestern, die hier gelehrt haben, fortgesetzt wird.

Above
On an inner courtyard on the rue de la Reine near the Grand Ducal Palace the **Raville House** of 1575 has a façade of great stylistic purity with casement or mullioned windows and a long balcony with a stone openwork balustrade, resting on sculpted consoles. The façade was completely dismantled in 1978 for renovations and was then reconstituted, but the building has completely lost its historic interior.

Farther down the street a carved lion *(below)* has been placed on the corner of the Mohr-de Waldt house on the rue Marché-aux-Herbes to guard the street.

Page left
The handsome, restrained portal on Rue de la Congrégation belongs to the former Trinity Church (1739-1742) converted into a **Protestant church** in 1819. It was built in a sober baroque style with a little pepper-pot bell tower. Beside it the cloister of the Congregation, secularized in 1798, now houses a primary school, thus continuing the tradition of the nuns who taught here.

Hierboven
Rue de la Reine, op een binnenplaats die vlak bij het groothertogelijk paleis ligt, vertoont het **huis van Raville** (1575) een gevel in een bijzonder pure stijl, met ramen met kruiskozijnen of middenstijlen en een lang balkon met een leuning van opengewerkte steen, dat steunt op versierde consoles. De gevel werd volledig weggehaald in 1978 tijdens een « renovatie », maar nadien heropgebouwd. Binnen in het pand is echter niets meer terug te vinden van enige historische waarde.

Wat verder bewaakt een gesculpteerde leeuw *(hieronder)* de straat. Hij kreeg een nieuwe plaats in de gevel van het huis Mohr-de Waldt, rue Marché-aux-Herbes.

Pagina links
Het mooie en sobere portaal van de rue de Congrégation hoort bij de oude Drievuldigheidskerk (1739-1742) die in 1819 een **protestantse tempel** werd. Deze werd in een eerder uitgezuiverde barokstijl opgetrokken en gesierd met een klein klokkentorentje in pepermolenvorm. Daarnaast huisvest het in 1798 geseculariseerde klooster van de Congregatie een lagere school, en zet zo de traditie voort van de kloosterzusters die hier eertijds les gaven.

Avant de devenir **palais grand-ducal** en 1895, le bâtiment le plus représentatif de la ville servit d'hôtel de ville. Un premier édifice, cité pour la première fois en 1413, fut détruit lors de l'incendie catastrophique du 11 mars 1554. La reconstruction ne commença qu'en avril 1571 comme l'indique la plaque en plomb découverte dans le socle de l'édifice lors de la restauration de 1992 à 1995.

La vaste **salle de la Balance**, au rez-de-chaussée de l'agrandissement de l'ancien hôtel de Ville, fut achevée en 1742. Les produits des marchands y étaient pesés – d'où son nom – pour être taxés. Quatre colonnes octogonales massives supportent les voûtes.

Bevor das repräsentativste Gebäude der Stadt 1895 zum **großherzoglichen Palast** geworden ist, diente es als Stadthaus. Ein ursprüngliches Gebäude, das erstmals 1413 erwähnt wurde, ist bei dem katastrophalen Brand am 11. März 1554 zerstört worden. Der Wiederaufbau begann erst im April 1571, wie die bei der Restaurierung von 1992 bis 1995 im Sockel des Gebäudes entdeckte Bleiplatte verrät.

Der große Saal der **Stadtwaage**, im Erdgeschoss der Erweiterung des ehemaligen Stadthauses, wurde 1742 fertiggestellt. Die Waren der Händler wurden dort gewogen – daher sein Name – um besteuert zu werden. Vier massive achteckige Säulen tragen die Gewölbe.

Before becoming the **Grand Ducal Palace** in 1895 the best known building of the city served as the City Hall. The earliest building, mentioned first in 1413 was destroyed during a catastrophic fire on March 11, 1554. Reconstruction only began in April of 1571 as stated on a lead plaque found in the base of the building during the restoration of 1992-1995.

The huge **Hall of Weights** on the ground floor of the extension of the old City Hall was completed in 1742. Merchandise was weighed there – whence its name – to determine the tax to be levied. Four massive octagonal columns support the vaulting.

Alvorens het in 1895 werd omgedoopt tot **groothertogelijk paleis** diende het meest representatieve gebouw van de stad als stadhuis. Een eerste gebouw, dat voor het eerst wordt genoemd in 1413, werd verwoest tijdens de rampzalige brand van 11 maart 1554. De heropbouw startte pas in april 1571 zoals vermeld staat op de loden plaat die tijdens de restauratie van 1992 tot 1995 werd ontdekt in de sokkel van het gebouw.

De uitgestrekte **zaal van de Weegschaal** op de benedenverdieping van het oude stadhuis, werd voltooid in 1742. Hier werden de producten van de handelaars gewogen – vandaar de naam – voor de heffing van de belasting. Vier achthoekige massieve zuilen dragen de gewelven.

Double page précédente
Le **Hall d'Honneur du palais** est couvert d'une voûte Renaissance surbaissée. Il est éclairé par des lanternes réalisées à Francfort en 1890.
Ci-contre
La **salle d'Armes** adjacente, qui servait de salle de billard, fut qualifiée de «trésor de souvenirs historiques» en 1890. La cheminée Louis XIII remplaça en 1974 une autre de style néo-gothique. Les blasons de la «fresque de Crécy» qui l'entoure évoquent la chevalerie luxembourgeoise qui avait accompagné le duc de Luxembourg et roi de Bohême Jean l'Aveugle à son dernier combat aux côtés du roi de France; elle avait été recouverte en 1943 par l'occupant allemand. Le plafond de la salle, qui a retrouvé un décor floral identique à celui de 1890, est composé de voûtes surbaissées aux nervures ornées d'armoiries du XVIIe siècle.
Page de droite
Le riche décor sculpté de la façade reflète les styles flamand et espagnol. En 1741, le garde-corps en pierre du balcon fut remplacé par une grille en fer forgé.

Letzte Doppelseite
Die **Ehrenhalle des Palastes** ist mit einem Renaissance-Kreuzgewölbe bedeckt. Sie wird von 1890 in Frankfurt hergestellten Lampen beleuchtet.
Links
Der angrenzende **Wappensaal**, der als Billardsaal diente, wurde 1890 als „Schatz historischer Erinnerungen" bezeichnet. Der Louis-XIII-Kamin trat 1974 an die Stelle eines neugotischen. Die Wappen der ihn umgebenden „Freske von Crécy" zeigt die luxemburgische Ritterschaft, die den Herzog von Luxemburg und König von Böhmen Johann den Blinden bei seinem letzten Kampf an der Seite des Königs von Frankreich begleitet hatte. Er war 1943 vom deutschen Besatzer übermalt worden. Die Decke des Saales, die wieder zu einer floralen Verzierung im Stile von 1890 zurückgefunden hatte, besteht aus Kreuzgewölbe mit Rippen, die mit Wappen aus dem 17. Jahrhundert geschmückt sind.
Rechte Seite
Die mit Skulpturen versehene reiche Verzierung der Fassade spiegelt den flämischen und spanischen Stil wider. 1741 wurde das Steingeländer des Balkons durch ein schmiedeeisernes Geländer ersetzt.

Preceding double page
The **Hall of Honour of the Palace** has a depressed Renaissance vault. It is illuminated by skylights made in Frankfurt in 1890.
Above
The adjoining **Arms Room** that also served as a billiard room was named "a treasure of historical memories" in 1890. In 1974 a Louis XIII fireplace replaced the one in Neo-Gothic.
The blazons on the "Crécy fresco" around it evoke the Luxembourg knights who accompanied the Duke of Luxembourg and King of Bohemia, John the Blind to his last battle beside the King of France. In 1943 it was covered over by the German occupiers. The ceiling of the room, restored with floral decorations exactly like those of 1890, has depressed vaulting with ribs displaying 17th century coats of arms.
Page right
The richly carved ornamentation of the façade reflects Flemish and Spanish influence. In 1741 a wrought iron grill replaced the stone balustrade of the balcony.

Voorgaande dubbele pagina
De **Erehal van het paleis** is overdekt door een verlaagd Renaissancegewelf. Hij wordt verlicht door lantaarns die in 1890 in Frankfurt werden vervaardigd.
Hierboven
De aanpalende **Wapenzaal**, die als biljartzaal diende, werd in 1890 betiteld als «schat van historische aandenkens». De Lodewijk XIII-schoorsteen verving in 1974 een andere in neo-gotische stijl. De blazoenen van het «fresco van Crécy» rondom verwijzen naar de Luxemburgse ruiterij die de hertog van Luxemburg en koning van Bohemen Jan de Blinde vergezelde tijdens zijn laatste gevecht aan de zijde van de Franse koning. De zaal werd in 1943 overdekt door de Duitse bezetter. Het plafond van de zaal, met nu weer een zelfde bloemendecor als in 1890, bestaat uit verlaagde gewelven met ribben die gesierd zijn met wapenschilden uit de zeventiende eeuw.
Pagina rechts
Het rijk gesculpteerd decor van de gevel weerspiegelt de Vlaamse en de Spaanse stijl. In 1741 werd de stenen leuning van het balkon vervangen door een hek van smeedwerk.

▲▶

L'**escalier d'honneur** fut ajouté lors de la transformation de l'hôtel de ville en palais grand-ducal à la fin du XIXe siècle. En 1844, à l'occasion du mariage du futur grand-duc Adolphe avec Elisabeth Michaïlowna (1826-1845), nièce du tsar de Russie, 52 caisses de cadeaux de mariage furent livrées par Saint-Pétersbourg. D'autres cadeaux suivirent au fil du XIXe siècle, comme ce guéridon et ces deux vases médicis en malachite de Sibérie offerts au futur grand-duc Guillaume lors de sa venue au couronnement du tsar Nicolas II en 1894.

Une grande amphore néo-classique (1836) en porcelaine de Saint-Pétersbourg orne l'étage. La scène représente le duc Guillaume de Nassau (1792-1839) portant l'uniforme de son régiment russe d'uhlans.

Die **Ehrentreppe** wurde Ende des 19. Jahrhunderts beim Umbau des Stadthauses zum großherzoglichen Palast hinzugefügt. 1844 wurden anlässlich der Hochzeit des künftigen Großherzogs Adolf mit Elisabeth Michaïlowna (1826-1845), der Nichte des russischen Zaren, 52 Kisten mit Hochzeitsgeschenken aus St. Petersburg angeliefert. Andere Geschenke folgten im Laufe des 19. Jahrhunderts, wie dieser kleine runde Tisch und diese beiden Medici- und Malachitvasen, die dem künftigen Großherzog Wilhelm bei seinem Besuch zur Krönung von Zar Nikolaus II 1894 geschenkt wurden.

Eine große neoklassizistische Amphore (1836) aus Porzellan aus St. Petersburg schmückt die Etage. Die Darstellung zeigt Großherzog Wilhelm von Nassau (1792-1839), der die Uniform seines russischen Ulanen-Regiments trägt.

The **Grand Staircase** was added when the City Hall was transformed into the Grand Ducal palace at the end of the 19th century. In 1844 when the future Grand Duke Adolph married Elizabeth Michailovna (1826-1845), niece of the Czar of Russia, 52 cases of wedding gifts were sent from St. Petersburg. More gifts followed in the course of the 19th century, such as this occasional table and the two Medicis vases in Siberian malachite given to Grand Duke William when he visited for the coronation of Czar Nicholas II in 1894

A large neo-classical amphora in St. Petersburg porcelain sits on a shelf. The scene shows Duke William of Nassau (1792-1839) wearing the uniform of his regiment of Russian uhlans.

De **eretrap** werd toegevoegd bij de verbouwing van het stadhuis tot groothertogelijk paleis op het einde van de negentiende eeuw. In 1844 werden, ter gelegenheid van het huwelijk van de toekomstige groothertog Adolphe met Elisabeth Michaïlowna (1826-1845), een nicht van de Russische tsaar, 52 kisten met huwelijksgeschenken geleverd door Sint-Petersburg. In de loop van de negentiende eeuw volgden trouwens nog andere geschenken, zoals dit pronktafeltje en deze twee Medici-vazen van malachiet uit Siberië, die de toekomstige groothertog Willem ten geschenke kreeg toen hij de kroning van tsaar Nicolas II bijwoonde in 1894.

Een grote neoclassicistische amfoor (1836) van porselein uit Sint-Petersburg siert de verdieping. Het tafereel toont hertog Willem van Nassau (1792-1839) in het uniform van zijn Russisch Ulanenregiment.

Le **Salon des Rois** accueille les audiences les plus importantes. Ses boiseries s'ornent des portraits des quatre rois-grands-ducs hollandais et des deux premiers grand-ducs de Luxembourg.

Im **Salon der Könige** finden die wichtigsten Audienzen statt. Seine Holztäfelungen sind mit den Porträts der vier holländischen Könige und Großherzöge und der beiden ersten Großherzöge von Luxemburg geschmückt.

The **Kings Chamber** is used for the most important meetings. Portraits of the four Dutch Kings-Grand Dukes and the two first Grand Dukes of Luxembourg ornament the wood panelling.

In het **Salon der Koningen** vinden de belangrijkste audiënties plaats. Het houtwerk is getooid met de portretten van de vier Hollandse koningen-groothertogen en van de eerste twee groothertogen van Luxemburg.

Triple page précédente
L'ancienne salle du Tiers-État est devenue la **salle-à-manger**. La série des tapisseries bruxelloises (1724-1750) représentent «Les aventures de Télémaque» d'après les cartons de Jan van Orley. Elles furent offertes par Napoléon au prince Frédéric-Guillaume de Nassau-Weilburg, en réparation des dommages causés par l'Armée du Rhin.
Ci-dessus
Les deux amphores néo-classiques de la **Salle des Fêtes** proviennent de Saint-Pétersbourg. Elles datent de 1842.
En page de droite et double page suivante
Un vase de Sèvres du **Salon jaune** se retrouve dans la toile représentant la jeune grande-duchesse Charlotte vers 1936. Les fauteuils Louis XVI en bois sculpté et doré, estampillés du célèbre ébéniste parisien Georges Jacob (1739-1814), avaient été confisqués et vendus par l'occupant en 1942.

Letzte Dreifachseite
Der ehemalige Saal des Dritten Stands ist zum **Speisesaal** geworden. Die Brüsseler Wandteppiche (1724-1750) stellen "Die Abenteuer des Telemachs" nach den Entwürfen von Jan van Orley dar. Napoleon schenkte sie dem Prinzen Friedrich-Wilhelm von Nassau-Weilburg als Entschädigung für die von der Rheinarmee verursachten Schäden.
Oben
Die beiden neoklassizistischen Amphoren des **Festsaals** stammen aus St. Petersburg. Sie datieren aus dem Jahre 1842.
Rechte Seite und nächste Doppelseite
Eine Sèvres-Vase des **Gelben Salons** befindet sich in dem Gemälde, das die junge Großherzogin Charlotte um 1936 darstellt. Die Louis XVI-Sessel aus skulptiertem und vergoldetem Holz, die von dem berühmten Pariser Meister Georges Jacob (1739-1814) stammen, waren 1942 von der Besatzungsmacht beschlagnahmt und verkauft worden.

Preceding triple page
The former chamber of the Third Estate is now **the dining room.** The set of Brussels tapestries (1724-1750) present "The Adventures of Telemachus" based on cartoons by Jan van Orley. They were given to Prince Frederick William of Nassau-Weilburg by Napoleon in reparation for the damage committed by the Army of the Rhine.
Above
The two neo-classical amphorae in the party room come from St. Petersburg and date from 1842.
Page right and following double page
The Sèvres vase in the **yellow room** can be seen in the portrait of the young Grand Duchess Charlotte of 1936. The Louis XVI chairs in carved and gilded wood, stamped by the celebrated Parisian cabinetmaker G. Jacob (1739-1814) were confiscated and sold by the Occupiers in 1942.

Voorgaande drieledige pagina
De oude zaal van de Derde Stand werd de **eetkamer.** Op de reeks Brusselse wandtapijten (1724-1750) zijn «De avonturen van Telemachus» afgebeeld, naar de cartons van Jan van Orley. Napoleon schonk ze aan prins Frederik-Willem van Nassau-Weilburg, als vergoeding voor de schade die het Rijnleger had aangericht.
Hierboven
De twee neo-classicistische amforen van de **Feestzaal** zijn afkomstig uit Sint-Petersburg. Ze dateren van 1842.
Op de pagina rechts en volgende dubbele pagina
Een vaas van Sèvres-porselein van de **Gele Ontvangstzaal** staat afgebeeld op het doek dat de jonge groothertogin Charlotte omstreeks 1936 voorstelt. De Lodewijk XVI-fauteuils van gesculpteerd en verguld hout, die de stempel dragen van de beroemde Parijse houtbewerker G. Jacob (1739-1814), werden door de bezetter in 1942 in beslag genomen en verkocht.

◄ **Rue du Marché-aux-Herbes**, la maison natale des frères Alexandre (1604-1684), jésuite et humaniste, et Eustache Wiltheim (1600-1667), président du Conseil Provincial à partir de 1648, fut reconstruite dans le style baroque vers 1740 et dotée d'une façade bien proportionnée. Elle est actuellement le siège de la Dresdner Bank.

Das in der **Rue du Marché-aux-Herbes** gelegene Geburtshaus der Gebrüder Alexandre (1604-1684), Jesuit und Humanist, und Eustache Wiltheim (1600-1667), Präsident des Provinzialrates ab 1648, wurde um 1740 im Barockstil wieder aufgebaut und mit einer wohlproportionierten Fassade versehen. Das Haus ist derzeit Sitz der Dresdner Bank.

On the **rue du Marché-aux-Herbes** the house were the brothers Alexandre (1604-1684), Jesuit and Humanist, and Eustache Wiltheim (1600-1667), President of the Provincial Council from 1648, were born was remodelled in the baroque style around 1740 with a well proportioned façade. It is now the seat of the Dresdner Bank.

Rue du Marché-aux-Herbes, het geboortehuis van de gebroeders Alexandre (1604-1684), een jezuïet en een humanist, en van Eustache Wiltheim (1600-1667), voorzitter van de Provincieraad vanaf 1648, werd in barokstijl heropgebouwd omstreeks 1740, met een goed geproportioneerde gevel. Momenteel is dit de zetel van de Dresdner Bank.

Les maisons du XVe au XIXe siècle s'alignent le long de la **rue du Marché-aux-Herbes**. Le «nouveau marché», un quartier commerçant et bourgeois, s'était développé autour de la chapelle Saint-Nicolas, derrière l'enceinte de la fin du XIIe siècle. Il devint aux XVIe et XVIIe siècle le quartier résidentiel de nobles et patriciens qui occupaient une fonction officielle au Conseil Provincial ou à l'hôtel de ville. Il évolua ensuite en un quartier de marchands.

Au milieu de la rue actuelle se dressait jusqu'en 1779 l'église paroissiale Saint-Nicolas. Afin d'apporter espace et lumière aux maisons avoisinantes, elle fut rasée, marquant ainsi le début d'une longue série de destructions de bâtiments historiques à Luxembourg. Lors de fouilles archéologiques en 1996-1997, les fondations de l'église ainsi qu'une soixantaine de tombes des XVIIe et XVIIIe siècles furent découvertes.

Die Häuser aus dem 15. bis 19. Jahrhundert reihen sich entlang der **rue du Marché-aux-Herbes**. Der "neue Markt", ein Geschäfts- und bürgerliches Viertel, hatte sich rund um die St.-Nikolaus-Kapelle hinter der Ringmauer von Ende des 12. Jahrhunderts entwickelt. Im 16. und 17. Jh. wurde es zum Wohnviertel von Adeligen und Patriziern, die ein offizielles Amt im Provinzialrat oder im Stadthaus ausübten. Anschließend wurde es zum Händlerviertel.

In der Mitte der heutigen Straße erhob sich bis 1779 die Pfarrkirche St. Nikolaus. Um in die benachbarten Häuser Raum und Licht zu bringen, wurde sie abgerissen und stellt damit den Anfang einer langen Reihe von Zerstörungen historischer Gebäude in Luxemburg dar. Bei archäologischen Ausgrabungen in den Jahren 1996-1997 wurden die Fundamente der Kirche sowie rund sechzig Gräber aus dem 17. und 18. Jh. entdeckt.

Houses dating from the 15th to the 19th century line the **Rue du Marché-aux-Herbes**. The "new market", a commercial and middle class district, had grown up around the chapel of Saint Nicholas behind the late 12th century walls. In the 16th and 17th centuries it became the place of residence for the nobles and patricians who had official duties on the Provincial Council or at City Hall. It later became a commercial district.

Until 1778 or 1779 the parish church of Saint Nicholas stood in the middle of the present street. In order to give light and space to the surrounding houses it was razed, thus marking the beginning of a long series of the destruction of historic buildings in Luxembourg. During archaeological excavations in 1996-1997 the foundations of the church as well as some sixty tombs from the 17th and 18th centuries were discovered.

De rue du **Marché-aux-Herbes** is een rijgsnoer van huizen uit de vijftiende tot de negentiende eeuw. De «nieuwe markt», een handels- en burgerwijk, ontwikkelde zich rond de kapel van Sint Nicolaas, achter de omwalling van het einde van de twaalfde eeuw. Deze wijk werd in de zestiende en zeventiende eeuw de woonbuurt voor de adel en de patriciërs die een officieel ambt bekleedden in de Provincieraad of op het stadhuis. Nadien vestigden er zich voornamelijk handelaars.

In het midden van de huidige straat prijkte tot in 1778 of 1779 de parochiekerk van Sint-Nicolaas. Om licht en ruimte te brengen in de aanpalende huizen, werd de kerk afgebroken. Dat was de aanzet voor de afbraak van tal van historische huizen in Luxemburg. Tijdens archeologische opgravingen in 1996-1997 werden de funderingen van de kerk en ook een zestigtal graven uit de zeventiende en de achttiende eeuw ontdekt.

EXCEPTE

▼
Une salle de la section des arts décoratifs du Musée.

Ein Saal der Museumsabteilung für dekorative Kunst.

A room in the Decorative Arts section of the Museum.

Een zaal van de afdeling sierkunsten van het Museum.

Ci-dessus, à droite
Cet exceptionnel **escalier à vis en pierre** de style Renaissance, daté de 1580, provient de la maison Gaillot de Genouillac, 10 rue de la Congrégation, où est installé de nos jours le ministère de l'Agriculture. Reconstruite en 1733, elle renfermait des éléments plus anciens comme cette œuvre que l'État acquit en 1935 et intégra dans le bâtiment du Musée national d'Histoire et d'Art, alors en construction.

En page de gauche
À l'angle d'une ruelle qui débouche dans la **rue de la Boucherie**, une façade conserve les arcades murées d'anciennes échoppes construites en 1603 près du marché au sel. Si la vue se prolonge jusqu'au Maréchalat de la Cour et l'arrière de la Chambre des Députés, c'est à cause de la destruction d'un pâté de maisons du quartier du Rost en 1903 et 1936-37, pour dégager les abords du palais grand-ducal.

Oben rechts
Diese außergewöhnliche skulptierte Renaissance-**Steinwendeltreppe** aus dem Jahre 1580 stammt aus dem Haus Gaillot de Genouillac, 10 rue de la Congrégation, das heute vom Landwirtschaftsministerium genutzt wird. Das 1733 wieder aufgebaute Haus umfasste ältere Elemente wie dieses Kunstwerk, das der Staat 1935 erworben und in das Gebäude des damals im Bau befindlichen Nationalmuseums für Geschichte und Kunst integriert hat.

Linke Seite
An der Ecke einer Gasse, die in die **rue de la Boucherie** mündet, befinden sich in einer Fassade die 1603 erbauten und später zugemauerten Laden-Arkaden, die in der Nähe des Salzmarktes lagen. Man kann bis zum Sitz des Hofmarchalls und zur Rückseite der Abgeordnetenkammer sehen, denn 1903 und 1936-37 wurde ein Häuserblock des Rost-Viertels abgerissen, um die Umgebung des großherzoglichen Palastes freizumachen.

Above, right
This exceptional Renaissance **carved spiral staircase** dates from 1580 and comes from the Gaillot de Genouillac mansion, 10 rue de la Congrégation, now occupied by the Ministry of Agriculture. The house was rebuilt in 1733 and contained older elements such as this work of art, acquired by the state in 1935 and integrated into the National Museum of History and Art, then under construction.

Page left
At the corner of an alley leading to the **rue de la Boucherie**, in front of the Marché-aux-Poissons, a façade contains the walled-up arches of old workshops built in 1603 near the salt market. The view continues right to the Marshalcy and the rear of the Chamber of Deputies made possible by the demolition of a block of houses in the Rost district in 1903 and 1936-37 to clear the area surrounding the Grand Ducal palace.

Hierboven rechts
Deze uitzonderlijke **gesculpteerde draaitrap** in renaissancestijl dateert uit 1580 en komt van het huis Gaillot de Genouillac, 10 rue de la Congrégation, waar nu het Ministerie van Landbouw gevestigd is. Dit werd heropgebouwd in 1733 en bevatte oudere elementen zoals dit kunstwerk dat de Staat aankocht in 1935 en opnam in het gebouw van het Nationaal Museum voor Geschiedenis en Kunst, dat toen in opbouw was.

Op de pagina links
Op de hoek van een steeg die uitmondt in de **rue de la Boucherie**, tegenover de Marché-aux-Poissons, bewaart een gevel nog de muurbogen van oude winkels die in 1603 nabij de zoutmarkt werden opgetrokken. Van hier zijn zowel de zetel van de Hofmaarschalk als de achterkant van de Kamer van Afgevaardigden te zien, omdat een huizenblok in de Rost-wijk werd neergehaald in 1903 en in 1936-37, om de omgeving van het groothertogelijk paleis vrij te maken.

Les Franciscaines succédèrent en 1860 aux Dominicains sous les voûtes du «**Kraizgank**». Les origines du cloître remontent à 1630, quand ceux-ci devinrent desservants de l'église Saint-Michel contiguë. Bâti dans le style gothique qui perdure en architecture sacrale à Luxembourg jusqu'au XVIIe siècle, il s'agit du seul cloître conservé dans la ville haute. Non loin, des maisons du XVIIIe siècle bordent le **Marché-aux-Poissons**, comme celle qui affiche fièrement sa date de construction «1761» par des ancres de fer.

Im Jahre 1860 sind die Franziskaner den Dominikanern unter den Gewölben des "**Kraizgank**" nachgefolgt. Die Ursprünge des Klosters gehen auf das Jahr 1630 zurück, als sie Pfarrverweser der angrenzenden St.-Michael-Kirche wurden. Das im gotischen Stil – der in sakraler Architektur in Luxemburg bis zum 17. Jahrhundert fortbesteht – errichtete Kloster ist das einzige in der Oberstadt erhaltene. Unweit davon säumen Häuser aus dem 18. Jahrhundert den **Fischmarkt**, wie jenes von 1761, das sein Alter stolz mit Eisenankern zeigt.

In 1860 the Franciscans took over the "**Kraizgank**" from the Dominicans who had been the incumbents at the church of Saint Michael adjoining the cloister. Built in 1630 in the Gothic style that endured in church architecture in Luxembourg well into the 17th century it is the only remaining cloister in the upper city. Nearby some 18th century houses line the **Marché-aux-Poissons** such as the one of 1761 that confirms its age by the iron wall anchors.

De franciscanen volgden in 1860 de dominicanen op onder de gewelven van de «**Kraizgank**». De oorsprong van dit klooster gaat terug tot 1630, toen de orde in kwestie de nabijgelegen Sint-Michielskerk bediende. Dit klooster is gebouwd in de gotische stijl die in de sacrale architectuur van Luxemburg nog blijft bestaan tot in de zeventiende eeuw. Het bleef als enige bewaard in de bovenstad. Ietsje verder omzomen huizen uit de achttiende eeuw de **Marché-aux-Poissons**, zoals het huis uit 1761 dat aan de hand van ijzeren klauwen trots zijn leeftijd kenbaar maakt.

BOFFERDING
Buttéck
Um Fëschmaart
Souvenirs
Tabac
Boissons
ART SCENE
BOFFERDING
THE TUBE

▸▸ L'histoire de l'**église Saint-Michel,** consacrée en 987, est marquée par une succession de destructions liées en grande partie à son site exposé sur la pointe du rocher. Elle est incendiée en 1443 et 1509, agrandie en 1639-1643, son toit brûle en 1679; l'église est finalement détruite lors du bombardement de 1684 par les troupes de Louis XIV, sur les deniers duquel elle sera reconstruite. Le chœur et la première travée de la nef sont amputés suite à des exigences militaires. La tour érigée en 1648 est rehaussée en 1687 lorsqu'elle reçoit son clocher à bulbe.

L'intérieur à nef unique de l'église se caractérise par son style gothique tardif. Les voûtes désaxées construites dès 1519 furent restaurées dans le même style jusqu'au XVIIe siècle.

Depuis 1803, Saint-Michel est un lieu d'accueil de mobilier d'église. L'église de la Congrégation, l'actuel temple protestant, a livré le maître autel sculpté vers 1770 par Barthélemy Namur. Le tableau «L'assomption de la Vierge Marie» provient, lui, de l'église des Jésuites.

Die Geschichte der 987 geweihten **St. Michael-Kirche** ist durch eine Aufeinanderfolge von Zerstörungen geprägt, die zu einem großen Teil durch ihre exponierte Lage auf der Spitze des Felsens begründet sind. Sie wurde 1443 und 1509 in Brand gesteckt, 1639-1643 erweitert, und 1679 brannte ihr Dach. Schließlich wird die Kirche bei der Bombardierung 1684 durch die Truppen von Ludwig XIV. zerstört, mit dessen Mitteln sie wieder aufgebaut wird. Der ursprüngliche Chor und ein Teil des Kirchenschiffs werden infolge militärischer Erfordernisse entfernt. Der 1648 errichtete Turm wird 1687 erhöht, als er seinen Zwiebelglockenturm erhält.

Das Innere des einzigen Kirchenschiffs ist durch seinen spätgotischen Stil geprägt. Die ab 1519 gebauten achsenverlagerten Gewölbe wurden bis zum 17. Jh. in demselben Stil restauriert.

Seit 1803 beherbergt St. Michael auch Mobiliar aus anderen Kirchen. Die Kongretationskirche, derzeit eine evangelische Kirche, hat den um 1770 von Barthélemy Namur mit Skulpturen versehenen Hauptaltar geliefert. Das Gemälde "Die Auferstehung der Jungfrau Maria" stammt aus der Jesuitenkirche.

The history of **Saint Michael's church**, consecrated in 987, is punctuated by a series of disasters caused, for the main part, by its exposed site on the tip of the rock. It was burnt in 1443 and 1509, enlarged in 1639-1643 and its roof burned in 1679. The church was finally destroyed during the bombardment in 1684 by the troops of Louis XIV and then rebuilt with funds provided by them. The choir and the first bay of the nave were removed because of military demands. The tower, erected in 1648, was extended in 1687 when it acquired an onion shaped bell tower.

The interior has a single nave in Late Gothic. The unaligned vaulting built in 1519 had been restored in the same style until the 17th century.

Since 1803 Saint Michael's has acquired church furnishings from other churches such as the high alter carved around 1770 by Bathélemy Namur which came from the former church of the Congrégation, now the Protestant church. The picture of "The Assumption of the Virgin Mary' came from the Jesuit's church.

De geschiedenis van de **Sint-Michielskerk**, die in 987 werd gewijd, wordt gekenmerkt door een hele reeks afbraken die vaak te maken hadden met haar blootgestelde ligging op de rotspunt. Ze werd in 1443 en in 1509 in brand gestoken, vergroot in 1639-1643 en in 1679 brandt het dak weer af. Uiteindelijk wordt de kerk helemaal verwoest bij het bombardement van 1684 door de troepen van Lodewijk XIV, om daarna op de ruïnes weer opgebouwd te worden. Het koor en de eerste travee van de beuk worden verwijderd op grond van militaire vereisten. De toren, die in 1648 werd opgetrokken, wordt verhoogd in 1687, als zijn bolvormige klokkentoren wordt aangebracht.

De binneninrichting van deze kerk met één enkele beuk is voornamelijk laat-gotisch. De excentrische gewelven die vanaf 1519 werden gebouwd, werden tot in de zeventiende eeuw in dezelfde stijl gerestaureerd.

Sinds 1803 wordt in de Sint-Michielskerk kerkmeubilair opgeslagen. De kerk van de Congregatie, nu een protestantse tempel, leverde het hoofdaltaar dat omstreeks 1770 door Barthélemy Namur werd gesculpteerd. Het doek dat Maria-Hemelvaart voorstelt, «L'Assomption de la Vierge Marie», is dan weer afkomstig van de Jezuïetenkerk.

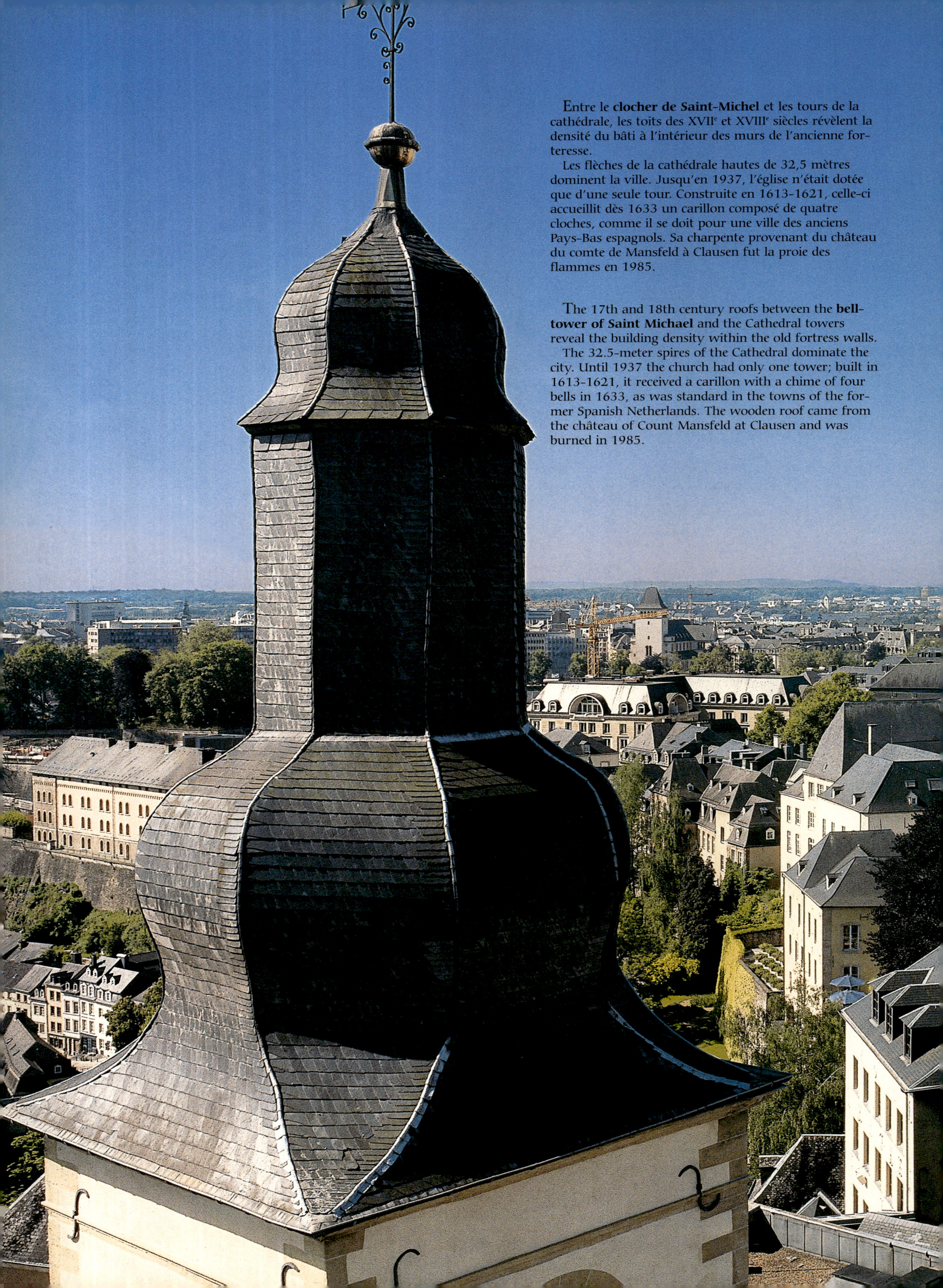

Entre le **clocher de Saint-Michel** et les tours de la cathédrale, les toits des XVIIe et XVIIIe siècles révèlent la densité du bâti à l'intérieur des murs de l'ancienne forteresse.

Les flèches de la cathédrale hautes de 32,5 mètres dominent la ville. Jusqu'en 1937, l'église n'était dotée que d'une seule tour. Construite en 1613-1621, celle-ci accueillit dès 1633 un carillon composé de quatre cloches, comme il se doit pour une ville des anciens Pays-Bas espagnols. Sa charpente provenant du château du comte de Mansfeld à Clausen fut la proie des flammes en 1985.

The 17th and 18th century roofs between the **bell-tower of Saint Michael** and the Cathedral towers reveal the building density within the old fortress walls.

The 32.5-meter spires of the Cathedral dominate the city. Until 1937 the church had only one tower; built in 1613-1621, it received a carillon with a chime of four bells in 1633, as was standard in the towns of the former Spanish Netherlands. The wooden roof came from the château of Count Mansfeld at Clausen and was burned in 1985.

Die Dächer aus dem 17. und 18. Jahrhundert zwischen dem **Glockenturm von St. Michael** und den Türmen der Kathedrale lassen erkennen, wie dicht die Bebauung innerhalb der Mauern der alten Festung war.

Die 32,5 Meter hohen Turmspitzen der Kathedrale beherrschen das Stadtbild. Bis 1937 besaß die Kirche nur einen zwischen 1613 und 1621 errichteten Turm, der 1633 ein Glockenspiel aus vier Glocken erhielt, was für die Städte der alten spanischen Niederlande typisch war. Sein Gebälk, das aus dem Schloss des Grafen von Mansfeld in Clausen stammte, wurde 1985 ein Raub der Flammen.

De 17de- en 18de-eeuwse daken tussen de **klokkentoren van Sint-Michiel** en de torens van de kathedraal, laten blijken hoe dicht de bebouwing wel was binnen de muren van de oude vesting.

De 32,5 meter hoge spitsen van de kathedraal domineren de stad. Tot in 1937 had de kerk maar één toren. Deze werd in 1613-1621 gebouwd en in 1633 uitgerust met een klokkenspel met vier klokken, zoals dat hoorde voor een stad van de vroegere Spaanse Nederlanden. Het gebint, dat afkomstig was van het kasteel van de graaf van Mansfeld in Clausen, viel in 1985 ten prooi aan de vlammen.

Nous quittons la ville haute en direction de la ville basse du Grund. Une vue vers la **corniche** montre la densité du tissu urbain et la hauteur des maisons qui s'élèvent souvent sur cinq niveaux.

L'emplacement le long de la corniche présente l'avantage d'une vue dégagée. Donnant sur la rue du Saint-Esprit, c'était le lieu de résidence privilégié de la noblesse. Ce côté à beaucoup souffert lors du bombardement de la ville par Louis XIV en 1683-1684, et nombre de maisons durent être reconstruites par après.

Wir verlassen die Oberstadt in Richtung Unterstadt Grund. Ein Blick zur **Corniche** zeigt die Dichte des Stadtgefüges und die Höhe der Häuser, die häufig fünf Stockwerke haben.

Die Lage an der Corniche hat den Vorteil, dass die Sicht frei ist. Dieses an die rue du Saint-Esprit grenzende Viertel war der bevorzugte Wohnort des Adels. Diese Seite hat unter der Bombardierung der Stadt durch Ludwig XIV. 1683-1684 derart stark gelitten, dass zahlreiche Häuser anschließend wieder aufgebaut werden mussten.

We now leave the upper city for the lower city suburb of Grund. Looking towards the **Corniche** one recognizes the density of the urban infrastructure and the height of the houses that often mount to five stories.

A site along the Corniche, giving on the rue Saint-Esprit, was the preferred area for nobles' residences and has the advantage of an unimpeded view. This side suffered greatly during the bombardments of the city by Louis XIV in 1683-1684 and many houses had to be rebuilt.

We verlaten de bovenstad en trekken naar de benedenstad Grund. Een gezicht in de richting van de **corniche** toont hoe dicht het stedelijk weefsel is, met zijn hoge huizen die vaak tot vijf verdiepingen gaan.

De ligging langs de corniche biedt het voordeel van een vrije uitkijk. Dit was de favoriete verblijfplaats van de adel, uitgevend op de rue du Saint-Esprit. Deze kant heeft zwaar geleden onder het bombardement van de stad door Lodewijk XIV in 1683-1684, en tal van huizen moesten nadien weer helemaal heropgebouwd worden.

▲▶

Le long de la **corniche**, deux demeures nobiliaires de la ville haute se distinguent par leurs tourelles. L'une *(en haut)* appartenait encore en 1684 au baron de Metzenhausen, seigneur de Linster, et fut acquise dans les années suivantes comme refuge par les chevaliers de l'Ordre Teutonique de Trèves. L'autre *(à droite)* remonte encore à la Renaissance; elle fut construite par Pierre Mathieu de Cassal, secrétaire du Conseil Provincial de 1573 à 1576.

Entlang der **Corniche** zeichnen sich zwei Adelswohnsitze der Oberstadt durch ihre Türmchen aus. Einer *(oben)* gehörte noch 1684 dem Baron von Metzenhausen und Herrn von Linster und wurde in den folgenden Jahren von den Rittern des Deutschen Ordens aus Trier als Refugium erworben. Der andere *(rechts)* geht noch auf die Renaissance zurück und wurde vom Sekretär des Provinzialrates Pierre Mathieu de Cassal von 1573 bis 1576 gebaut.

Two noble mansions of the upper city, along the **Corniche**, are notable for their turrets. One of them *(above)* still belonged to Baron Metzenhausen, seigneur of Linster, in 1684 and was acquired several years later by the Teutonic Knights of Trier for a refuge. The other *(right)* dates from the Renaissance and was built by Pierre Mathieu de Cassal who was Secretary of the Provincial Council from 1573 to 1576.

Langs de **corniche** vallen twee adellijke huizen van de bovenstad op door hun torentjes. Het ene *(boven)* behoorde in 1684 nog toe aan de baron van Metzenhausen, heer van Linster, en werd in de jaren daarna gekocht als refugiehuis voor de ridders van de Teutonische Orde van Trier. Het andere *(rechts)* gaat terug tot de Renaissance; het werd gebouwd door Pierre Mathieu de Cassal, secretaris van de Provincieraad van 1573 tot 1576.

L'espace, une denrée rare dans la ville, dut être exploité à fond. Ces étroites maisons de simples artisans et commerçants des XVIIIe et XIXe siècles sont accolées et adossées à la roche le long de l'impressionnante **Montée du Grund**, une des rares voies carrossables entre ville basse et ville haute.

Der Platz, der in der Stadt Seltenheitswert hat, musste intensiv genutzt werden. Diese engen Häuser einfacher Handwerker und Händler des 18. und 19. Jahrhunderts sind entlang der eindrucksvollen **Montée du Grund**, einem der wenigen befahrbaren Wege zwischen Unterstadt und Oberstadt, an den Felsen gelehnt.

Space is rare in the city and had to be exploited as much as possible. These narrow 18th and 19th century houses of small artisans and merchants are joined together and built right against the hillside along the impressive **Montée du Grund** (Grund slope), one of the few roads suitable for vehicles between the upper and lower parts of the city.

De ruimte, een schaars goed in de stad, moest op en top benut worden. Deze smalle huizen van de gewone ambachtswerkers en handelaars uit de achttiende en de negentiende eeuw leunen tegen de rots langs de indrukwekkende **Montée du Grund**, één van de weinige berijdbare wegen tussen de bovenstad en de benedenstad.

Un lieu enchanté dans la verdure: le vide du parvis du **Centre culturel de rencontre Abbaye de Neumünster**, rénové de 1990 à 2004, contraste avec l'exubérance de la nature. L'église Saint-Jean se reflète dans les eaux paisibles de l'Alzette. Sa flèche fine et élégante s'élance jusqu'au niveau de la Corniche. Sur la rive opposée, les vergers et les vignes réhabilités de l'abbaye s'appuient contre le rocher protecteur du Bock et bénéficient ainsi d'un microclimat favorable au raisin.

Ein zauberhafter Ort im Grünen: Die Leere des Vorplatzes des von 1990 bis 2004 renovierten **Centre culturel de rencontre Abbaye de Neumünster** (Kulturtreffpunkt Abtei Neumünster) kontrastiert mit der Üppigkeit der Natur. Die Johanneskirche spiegelt sich in den ruhigen Wassern der Alzette. Ihre feine und elegante Turmspitze reicht bis in Höhe der Corniche. Auf dem gegenüber liegenden Ufer lehnen sich die Obstgärten und die wieder hergestellten Weinberge der Abtei gegen den schützenden Bockfelsen und profitieren damit von einem für Trauben günstigen Mikroklima.

An enchanted place in the greenery: the emptiness of the square before the **Cultural Meeting Centre of the Abbey of Neumünster**, renovated between 1990 and 2004, contrasts with the lushness of nature. Saint John's church is reflected in the peaceful waters of the Alzette, its slender, elegant spire rising to the level of the Corniche. On the opposite bank the restored orchards and vineyards of the Abbey shelter against the protecting rock of Bock, thus profiting from a microclimate favourable for grapes.

Een betoverende plek in het groen : het 'blote' voorplein van het **Cultureel Ontmoetingscentrum van de Abdij van Neumünster.** Dit werd van 1990 tot 2004 gerenoveerd en staat in schril contrast met de weelderige natuur. De Sint-Janskerk spiegelt zich in het vredige water van de Alzette. Haar fijne en sierlijke spits reikt tot aan de Corniche. Aan de overkant steunen de opgeknapte boomgaarden en wijngaarden van de abdij tegen de beschermende rots van de Bock en genieten zo van een microklimaat dat de druiven ten goede komt.

Pages 103 à 105

L'église Saint-Jean au Grund, érigée selon les plans d'un architecte militaire, a un aspect sobre et dépouillé. Longeant l'Alzette, elle faisait partie de l'abbaye bénédictine de Neumünster. Elle a été construite de 1606 à 1620 à l'emplacement de l'église de l'hospice Saint-Jean édifiée en 1308. Son portail austère a été réalisé en 1606-1608. Détruite lors du siège de Louis XIV en 1684, elle fut reconstruite entre 1688 et 1705.

La grande sobriété de l'architecture contraste avec la richesse ornementale du mobilier. Les autels, sculptés peu après 1660, proviennent de l'église des Franciscains qui se trouvait place Guillaume, démolie en 1830. Par leurs dimensions et l'abondance de leur ornementation sculptée et polychrome, ces premières réalisations de l'art baroque au Luxembourg ont dû faire sensation à l'époque. Les retables, tout en bois peint en différents faux-marbres, sont structurés par des colonnes et des frontons. Les statues du maître-autel, revêtues de peinture blanche, rappellent la pierre de Carrare.

Seite 103 bis 105

Die **Johanneskirche im Grund**, nach den Plänen des Festungsarchitekten gebaut, sieht nüchtern und schmucklos aus. Sie liegt an der Alzette und war Teil der Benediktinerabtei von Neumünster. Sie wurde 1606 bis 1620 an der Stelle des 1308 errichteten Johanneshospizes errichtet. Ihr strenges Portal wurde 1606-1608 realisiert. Die bei der Besatzung durch Ludwig XIV. 1684 zerstörte Kirche wurde zwischen 1688 und 1705 wieder aufgebaut.

Die große Schlichtheit der Architektur kontrastiert mit der reichen Verzierung des Mobiliars. Die kurz nach 1660 geschaffenen Altäre stammen aus der Franziskanerkirche, die sich place Guillaume befand und 1830 zerstört wurde. Aufgrund ihrer Größe und der Fülle ihres mehrfarbigen Skulpturenschmucks müssen diese ersten Werke barocker Kunst in Luxemburg damals großes Aufsehen erregt haben. Die Altaraufsätze, die ganz aus in verschiedenen Marmorimitationen gestrichenem Holz bestehen, sind durch Säulen und Giebel strukturiert. Die weiß gestrichenen Statuen des Hauptaltars erinnern an den Stein von Carrara.

Pages 103 to 105

The **Church of Saint John in Grund**, designed by a military architect, is sober and uncluttered. Built along the Alzette, it was part of the Benedictine Abbey of Neumünster. It was built between 1606 and 1620 on the site of the church of the Hospice of Saint John, built in 1308. Its austere portal was constructed between 1606 and 1608. Destroyed during the siege by Louis XIV in 1684, it was rebuilt between 1688 and 1705.

The extreme sobriety of the architecture contrasts with the richly ornamented furnishings. The altars, sculpted a little after 1660 came from the Franciscan church on Place Guillaume, demolished in 1830. By their size and lavish carved and polychrome ornamentation, these first Baroque works produced in Luxembourg must have created a furore at the time. Columns and pediments organize the retables in wood with false marbling. The statues on the high altar, covered in white paint, resemble Carrara marble.

Pagina's 103 tot 105

De **Sint-Janskerk in Grund** oogt sober en uitgezuiverd. Ze staat aan de Alzette en maakte deel uit van de benedictijnen abdij van Neumünster. Ze werd gebouwd van 1606 tot 1620 op de plaats van de kerk van het Sint-Jansgasthuis dat in 1308 werd opgetrokken. Het strenge portaal werd uitgevoerd in 1606-1608. De kerk werd verwoest tijdens de belegering van Lodewijk XIV in 1684 en heropgebouwd tussen 1688 en 1705.

De grote soberheid van de architectuur staat in contrast met de rijke versiering van het meubilair. De altaren, die kort na 1660 werden gesculpteerd, komen van de franciscanenkerk die aan de place Guillaume was gelegen en in 1830 verdween. Door hun afmetingen en de overvloed van hun gesculpteerde en polychrome tooi, maakten deze eerste realisaties van de barokkunst in Luxemburg wellicht veel ophef in die tijd. De retabels, helemaal van hout en beschilderd met verschillende faux-marbres, zijn gestructureerd door zuilen en frontons. De wit geverfde beelden van het hoofdaltaar doen denken aan de steen van Carrare.

S.PETRUS DE
ALCANTARA
BONVS PASTOR
S.ANTONI
DE PADUA
SA

L'ancien hospice civil Saint-Jean, sur la rive de l'Alzette, présente du côté de la rue Münster un élégant portail armorié. Si le bâtiment actuel n'a été érigé qu'en 1674, sa fondation par le comte Henri VII de Luxembourg et sa femme Marguerite de Brabant remonte à 1308. Définitivement abandonné par les sœurs de Sainte-Elisabeth en 1843 en faveur de l'hospice du Pfaffenthal, il fut transformé en 1851 en prison pour femmes. Rénové de 1987 à 1996, il abrite désormais le **Musée d'Histoire naturelle.**

Pages 107 à 110

La **ville basse du Grund** s'étend sous l'aristocratique «corniche» de la ville haute et l'église Saint-Michel. L'Alzette constituait l'artère vitale pour les moulins, tanneries, brasseries et autres ateliers implantées sur ses rives, singulièrement rive gauche, rue Plaetis. Jusqu'en 1850-1870, le Grund était très peuplé et déployait une activité artisanale et commerciale fébrile.

Das ehemalige zivile Johanneshospiz am Ufer der Alzette besitzt auf der Seite der rue Münster ein elegantes mit Wappen versehenes Portal. Wenngleich das heutige Gebäude erst 1674 errichtet worden ist, geht seine Gründung durch den Grafen Heinrich VII. von Luxemburg und seine Frau Marguerite von Brabant auf das Jahr 1308 zurück. Das 1843 endgültig von den St.-Elisabeth-Schwestern zugunsten des Hospizes von Pfaffenthal aufgegebene Hospiz wurde 1851 zu einem Frauengefängnis umgebaut. Seit der Renovierung von 1987 bis 1996 beherbergt es das **Naturhistorische Museum.**

Seite 107 bis 110

Die **Unterstadt Grund** erstreckt sich unter der erhabenen "Corniche" der Oberstadt und der St.-Michaels-Kirche. Die Alzette stellte den Lebensnerv für die Mühlen, Gerbereien, Brauereien und Werkstätten dar, die an ihren Ufern, insbesondere am linken Ufer in der rue Plaetis ansässig sind. Bis 1850-1870 war der Grund stark bevölkert und beherbergte eine fieberhafte Handwerks- und Handelstätigkeit.

The former civic hospice of Saint John on the bank of the Alzette has an elegant portal with coats of arms giving on rue Münster. Although the present building was only built in 1674, the hospice itself was founded by Count Henry VII of Luxembourg and his wife, Marguerite of Brabant, in 1308. Finally abandoned by the nuns of Saint Elizabeth in 1843, who moved to the hospice of Pfaffenthal, it was converted into a prison for women in 1851. Following renovations from 1987 to 1996, it now contains the **Museum of Natural History.**

Pages 107 to 110

The **lower city of Grund** stretches below the aristocratic Corniche of the upper city and the church of Saint Michael. The Alzette is the vital artery for the mills, tanneries, breweries and other workshops implanted on its bank, particularly the rue Plaetis on the left bank. Until 1850-1879 the Grund was densely populated and had a vigorous artisanal and commercial life.

Het oude burgerlijk gasthuis van Sint-Jan, op de oever van de Alzette, heeft aan de kant van de rue Münster een elegant portaal met wapenschild. Het huidige gebouw werd pas in 1674 opgetrokken, maar de fundering die graaf Henri VII van Luxemburg en zijn vrouw Margareta van Brabant legde, gaat terug tot 1308. De kloosterzusters van de Heilige Elizabeth trokken hier definitief weg in 1843 om naar het hospice van Pfaffenthal te gaan. Het gebouw werd in 1851 omgebouwd tot vrouwengevangenis. Sinds de renovatie van 1987 tot 1996, huist hier nu het **Natuurhistorisch Museum.**

Pagina's 107 tot 110

De **benedenstad Grund** strekt zich uit onder de aristocratische "corniche" van de bovenstad en de Sint-Michielskerk. De Alzette was de levensader voor de molens, leerlooierijen, brouwerijen en andere werkplaatsen die op haar oever gevestigd waren, hoofdzakelijk op de linkeroever, rue Plaetis. Tot in 1850-1870 was Grund dichtbevolkt en kende een bloeiende ambachtelijke en handelsactiviteit.

MOUSEL
LUXEMBOURG
Premium Pils
LIQUID

Le **portail du château de Mansfeld** datant d'environ 1580 porte l'inscription *Immortalis Gloriae Parens Labor,* «Du travail gloire immortelle».
Le prince Pierre-Ernest de Mansfeld, gouverneur du duché de Luxembourg de 1540-1604, a pour ainsi dire introduit le style Renaissance au Luxembourg. Il a marqué le faubourg de Clausen par la construction de son château «La Fontaine», à partir de 1563. Son parc comportait des monuments antiques, des fontaines et de vastes jardins qui longeaient l'Alzette déviée à cet effet. Après la mort du comte en 1604 commence le déclin rapide du domaine qui finalement tombe en ruine. Au début du XIXe siècle, des maisons privées sont construites dans ce qui en reste. Des fouilles archéologiques lancées en 2003 permettent de mieux comprendre l'aménagement du parc.
La tour qui se dresse sur le plateau d'Altmünster est tout ce qui a survécu à la destruction de l'abbaye bénédictine de Münster en 1543-1544.

Das **Tor von Schloss Mansfeld**, das um 1580 datiert, trägt die Inschrift *Immortalis Gloriae Parens Labor,* Durch Arbeit unsterbliche Ehr.
Der Prinz Peter-Ernst von Mansfeld, der von 1540-1604 Gouverneur des Herzogtums Luxemburg war, hat sozusagen den Renaissance-Stil in Luxemburg eingeführt. Er hat den Vorort Clausen durch die Errichtung seines Schlosses "La Fontaine" ab 1563 geprägt. In seinem Park standen antike Denkmäler, Brunnen und weitläufige Gärten, die an der zu diesem Zweck umgeleitet en Alzette lagen. Nach dem Tod des Grafen 1604 beginnt der schnelle Niedergang des Besitzes, der schließlich verfällt. Anfang des 19. Jahrhunderts werden in den Überresten Privathäuser gebaut. Die 2003 begonnenen archäologischen Ausgrabungen ermöglichen ein besseres Verständnis der Parkanlage.
Nur der Turm, der auf dem Plateau von Altmünster emporragt, hat die Zerstörung der benediktinischen Abtei von Münster in den Jahren 1543-1544 überstanden.

The **portal of the château of Mansfeld** dating from around 1580 carries the inscription *Immortalis Gloriae Parens Labor,* "Through work achieve immortal glory".
Prince Peter-Ernst von Mansfeld, Governor of the Duchy of Luxembourg from 1540 to 1604, more or less introduced the Renaissance style to Luxembourg when building his château, "La Fontaine", in the suburb of Clausen in 1563. The park contained antique monuments, fountains and large gardens along the Alzette that was diverted for this purpose. After the death of the Count in 1604 the domain quickly went downhill and finally fell into ruins. At the beginning of the 19th century some private houses were built in what remained. Archaeological digs begun in 2003 are exploring the site.
The tower that rises on the Altmünster plateau is all that has survived the destruction of the Benedictine Abbey of Münster in 1543-1544.

Het **portaal van het kasteel van Mansfeld**, dat uit ongeveer 1580 dateert, draagt het opschrift *Immortalis Gloriae Parens Labor,* "Onsterfelijke Eer door Arbeid".
Prins Peter-Ernst von Mansfeld, gouverneur van het hertogdom Luxemburg van 1540 tot 1604, heeft als het ware de renaissancestijl ingevoerd in Luxemburg. Hij drukte een stempel op de buitenwijk Clausen door de bouw van zijn kasteel "La Fontaine", waar hij in 1563 aan begon. Het park bevatte antieke monumenten, fonteinen en uitgestrekte tuinen langs de Alzette die voor dat doeleinde werd omgelegd. Na de dood van de graaf in 1604 raakt het domein al snel in verval. Er rest uiteindelijk nog een ruïne. In het begin van de negentiende eeuw worden er privé-woningen gebouwd in wat nog overblijft. Archeologische opgravingen die in 2003 werden opgezet, geven een beter inzicht in deze site.
De toren op het plateau van Altmünster is alles wat de afbraak van de benedictijnenabdij in 1543-1544 overleefde.

Pages 112 à 115

Lorsque le plateau du Saint-Esprit fut transformé en citadelle par Vauban en 1687, la communauté religieuse des Clarisses-Urbanistes qui y était installée depuis le XIIIe siècle fut transférée au Pfaffenthal. Un nouveau monastère y fut construit en 1690 au bord de l'Alzette, au pied du Bock, composé de jardins, de bâtiments conventuels disposés autour d'un cloître jouxtant une église dépourvue de clocher. La communauté fut supprimée en 1783 par l'empereur Joseph II et, en 1843, l'ancien monastère fut transformé en **hospice civil** réservé aux habitants de la ville. Récemment rénové, il est maintenant doté d'un joli parc de style baroque.

Seite 112 bis 115

Als das Plateau des Saint-Esprit von Vauban 1687 zu einer Zitadelle umgebaut wurde, wurde die Religionsgemeinschaft der Urbanistinnen-Clarissinnen, die dort seit dem 13. Jahrhundert niedergelassen war, nach Pfaffenthal verlegt. 1690 wurde ein neues Kloster an der Alzette zu Füßen des Bockfelsens gebaut, das aus Gärten und Klostergebäuden bestand, die um ein Kloster neben einer Kirche ohne Glockenturm herum angeordnet waren. Die Gemeinschaft wurde 1783 von Kaiser Joseph II. aufgelöst. 1843 wurde das ehemalige Kloster in ein den Einwohnern der Stadt vorbehaltenes **Zivilhospiz** umgebaut. Nach der jüngsten Renovierung besitzt es nun einen schönen Park barocken Stils.

Pages 112 to 115

When Vauban transformed the Saint-Esprit plateau into a citadel in 1687 the religious order of the Poor Clares that had been installed there since the 13th century was transferred to Pfaffenthal. A new convent was built there in 1690 on the edge of the Alzette, at the foot of the Bock. It comprised gardens, and conventual buildings around a cloister adjoining a church without a bell tower. Emperor Joseph II suppressed the order in 1783 and in 1843 the convent was turned into a **civic hospice** for the inhabitants of the city. It has recently been renovated and now has a pretty park in the baroque style.

Blz. 112 tot 115

Toen Vauban in 1687 het Saint-Esprit plateau omvormde tot citadel, verhuisde de religieuze gemeenschap van de Rijke Claren, die er sinds de dertiende eeuw gevestigd was, naar Pfaffenthal. Er werd een nieuw klooster gebouwd in 1690, aan de rand van de Alzette en aan de voet van de Bock. Het bestond uit tuinen en kloostergebouwen rond een groot klooster dat aan een kerk zonder klokkentoren paalde. De gemeenschap werd in 1783 afgeschaft door keizer Jozef II en het oude klooster werd in 1843 omgebouwd tot **burgerlijk gasthuis**, enkel voor de stadsbewoners. Het werd onlangs gerenoveerd en heeft nu een mooi park in barokstijl.

Un visage guerrier
Die wehrhafte Stadt

La forteresse de Luxembourg fut successivement sous la domination de la Bourgogne, l'Espagne, l'Autriche, la France et la Prusse. Chaque occupant modernisa et compléta les ouvrages de défenses. Les premières fortifications modernes furent basées sur l'enceinte médiévale de la ville puis l'on construisit les premiers bastions au XVIe siècle. Après la prise de la forteresse en 1684, Vauban modernisa les constructions dévastées et ajouta des ouvrages. Les Autrichiens renforcèrent encore les fortifications existantes, créant des forts détachés. En 1795, la forteresse tomba aux mains des Français. Après la fin de l'Empire de Napoléon, elle fit partie du système de forteresses de la Confédération germanique et fut occupée par une garnison prussienne, jusqu'à son démantèlement suite au Traité de Londres du 11 mai 1867.

Die Festung Luxemburg geriet nacheinander in die Hände der Burgunder, der Spanier, der Österreicher, der Franzosen und der Preußen. Jeder Besatzer modernisierte und ergänzte die Verteidigungsanlagen aufs Neue. Die ersten modernen Festungswerke stützten sich auf die mittelalterliche Ringmauer der Stadt. Im 16. Jahrhundert wurden dann die ersten Bastionen errichtet. Nach der Eroberung der Festung im Jahr 1684 modernisierte Vauban die zerstörten Bauwerke und fügte neue hinzu. Die Österreicher verstärkten die vorhandenen Befestigungsanlagen noch, indem sie getrennte Forts errichteten. 1795 fiel die Festung in die Hände der Franzosen. Nach dem Ende des Napoleonischen Reiches wurde sie Bundesfestung und wurde bis zu ihrer Zerstörung infolge des Londoner Vertrags vom 11. Mai 1867 von einer preußischen Garnison genutzt.

The Military Face
Strijdlustig

The fortress of Luxembourg was controlled successively by Burgundy, Spain, Austria, France and Prussia. Each occupier modernized and extended the defenses. The first modern fortifications were based on the mediaeval walls of the city. The first bastions were built in the 16th century. After the French took the fortress in 1684, Vauban modernized the ruined buildings and added more elements. The Austrians strengthened the existing fortifications and added outlying forts. In 1795 the fortress fell to the FrenchW. After the fall of the Napoleonic Empire, it became part of the defensive system of the German Confederation and was occupied by a Prussian garrison until it was dismantled following the Treat y of London of May 11, 1867.

De vesting van Luxemburg kwam achtereenvolgens onder de overheersing van Bourgondië, Spanje, Oostenrijk, Frankrijk en Pruisen. Elke bezetter moderniseerde de verdedigingswerken en vulde ze aan. De eerste moderne versterkingen waren gebaseerd op de middeleeuwse omwalling van de stad. Daarna werden de eerste bastions gebouwd in de 16de eeuw. Na de inname van de vesting in 1684 moderniseerde Vauban de vernielde constructies en voegde er werken aan toe. De Oostenrijkers versterkten de bestaande versterking nog maar eens extra en legden zo losstaande forten aan. In 1795 viel de vesting in handen van de Fransen. Toen er een einde kwam aan het rijk van Napoleon maakte ze deel uit van het stelsel van vestingen van de Germaanse Confederatie en werd bezet door een Pruisisch garnizoen, tot de ontmanteling naar aanleiding van het Verdrag van Londen van 11 mei 1867.

Le **bastion Beck** domine la vallée de la Pétrusse. Sa dernière phase de construction avant Vauban remontait à 1644. On lui accola en 1671 le Ravelin Pâté *(à gauche sur la photo et page de droite)* avec ses typiques ouvertures à fusils. L'ensemble n'avait pas été endommagé lors de la prise de la ville par Louis XIV mais Vauban rehaussa néanmoins le bastion. Les derniers restes du mur de la ville médiévale disparurent à cette occasion. Entre 1746 et 1756 six casemates ont été installées par les Autrichiens sous le Ravelin Pâté.

Die **Bastion Beck** überragt das Petruss-Tal. Die letzte Bauphase vor Vauban geht auf 1644 zurück. 1671 kam das Ravelin Pâté *(auf dem Foto links und rechte Seite)* mit seinen typischen Schießscharten hinzu. Obwohl der Komplex bei der Eroberung der Stadt durch Ludwig XIV nicht beschädigt wurde, ließ Vauban die Bastion erhöhen. Dabei verschwanden die letzten Reste der mittelalterlichen Stadtmauer. Zwischen 1746 und 1756 legten die Österreicher unter dem Ravelin Pâté sechs Kasematten an.

The **Beck Bastion** dominates the valley of the Pétrusse. The last phase of construction before Vauban dates to 1644. In 1671 the Ravelin block *(at left on the photo and right page)* with its typical rifle embrasures was built against it. Nothing was damaged during the fall of the city to Louis XIV but nevertheless Vauban made the bastion higher. The last vestiges of the mediaeval city wall were destroyed at this time. Between 1746 and 1756 six bunkers were built under the Ravelin Block by the Austrians.

Het **Beck bastion** torent uit boven de vallei van de Pétrusse. De laatste bouwfase vóór Vauban dateert van 1644. In 1671 werd er een driehoekige verdedigingsconstructie tegen gebouwd, de "Ravelin Pâté" *(links op de foto en pagina rechts)* met de typische schietgaten. Het geheel werd niet beschadigd toen Lodewijk XIV de stad innam, maar Vauban hoogde toch het bastion op. De laatste resten van de muur van de middeleeuwse stad verdwenen toen. Tussen 1746 en 1756 brachten de Oostenrijkers zes kazematten aan onder de Ravelin Pâté.

À droite
À l'angle d'une façade de la Biessergasse au *Gronn*, dans une cour, une niche abrite une **statuette de Napoléon *(Ampoléong Bounepart)*** qui veille sur les passants à l'instar des madones de la ville. Elle fut placée là par le meunier Pierre Hastert (1792-1854) qui, comme des milliers d'autres Luxembourgeois du «Département des Forêts», fut enrôlé dans la Grande Armée. Elle témoigne du culte que lui vouaient les vétérans de ses campagnes.

Double page suivante
La maquette en érable du Musée d'Histoire de la ville montre, à l'échelle 1/666e, l'**état de la forteresse en 1795** telle qu'elle se présentait, avec ses dernières extensions autrichiennes, lors du siège par les armées révolutionnaire françaises. L'impact des fortifications sur le paysage urbain et le site environnant est impressionnant. Aucun arbre ni construction en pierre n'étaient tolérés aux alentours de la forteresse

Nebenstehend
An einer Fassade in der Biessergasse im *„Gronn"* (Grund) befindet sich in einem Hof eine Nische mit einer kleinen **Napoleon-Statue *(„Ampoléong Bounepart")***, die nach dem Vorbild der Madonnenfiguren in der Stadt über die Passanten wacht. Sie wurde von dem Müller Pierre Hastert (1792-1854) dort platziert, der, wie viele tausend andere Luxemburger des "Département des Forêts" Soldat in der Grande Armée war. Sie ist ein Zeugnis für den Kultstatus, den Napoleon bei den Veteranen seiner Feldzüge genoss.

Folgende Doppelseite
Das aus Ahornholz hergestellte Modell im Museum der Geschichte der Stadt Luxemburg gibt im Maßstab 1:666 den **Zustand der Festung im Jahr 1795** mit ihren jüngsten Erweiterungen durch die Österreicher wieder, wie sie sich bei der Besetzung durch die französischen Revolutionsarmeen präsentierte. Es ist beeindruckend, wie sehr die Festungsanlagen das Bild der Stadt und ihrer Umgebung geprägt haben. In der unmittelbaren Umgebung der Festung wurden weder Bäume noch Steinkonstruktionen geduldet.

Above
On the corner of a façade of the Biessergasse at the *Gronn*, in a courtyard, a niche contains a little **statue of Napoleon**, (called ***Ampoléong Bounepart*** in Luxembourg) who watches over the passersby like the Madonnas of the city. It was placed there by Pierre Hastert (1792-1854) a miller who, like thousands of other Luxemburgers of the "Department of the Forests", served in the Grande Armée and testifies to the veneration in which Napoleon was held by the veterans of his campaigns.

Following double page
The model in maple in the City Historical Museum shows, on a scale of 1:666, what the **fortress looked like in 1795** with its last Austrian additions during the siege by the French Revolutionary Army. The impact of the fortifications on the urban landscape and the surrounding area is impressive. No tree or stone building was permitted around the fortress.

Hierboven
Op de hoek van een gevel van de Biessergasse in de *Gronn*, herbergt een nis, op een binnenplaats, een **beeldje van Napoleon *(Ampoléong Bounepart)*** die waakt over de voorbijgangers zoals de madonna's elders in de stad. Dit werd hier geplaatst door molenaar Pierre Hastert (1792-1854) die, zoals duizenden andere Luxemburgers van het "Département des Forêts", werd ingelijfd in het Grote Leger. Het getuigt van de achting die de veteranen van de veldtochten Napoleon toedroegen.

Volgende dubbele pagina
De maquette in esdoorn van het Stadshistorisch Museum toont, op schaal 1/666ste, de **staat van de vesting in 1795** met de laatste Oostenrijkse uitbreidingen, bij de bezetting door de Franse revolutionaire legers. De invloed van de versterkingen op het stadslandschap en de omgeving is indrukwekkend. In de buurt van de vesting werd geen enkele boom, geen enkele stenen constructie geduld.

◄▼▲

Le siège de Vauban ruina les anciennes portes médiévales dans la vallée du Pfaffenthal – la porte d'Eich mentionnée pour la première fois en 1447 et celle des Bons Malades. L'ingénieur français les remplaça dès 1684-85 par deux puissantes tours d'aspect moyenâgeux avec des murs épais de six pieds à «l'épreuve de la bombe», de part et d'autre de l'Alzette, reliées par un pont fortifié. Destinées à barrer la trouée du Pfaffenthal, les «**tours Vauban**» furent intégrées dans un système qui s'étend des hauteurs du Berlaimont jusqu'au versant opposé du **Fort Niedergrünewald** *(ci-dessus)*, dont la redoute autrichienne a été récemment restaurée en partie.

Die Belagerung durch Vauban hat die ehemaligen mittelalterlichen Tore im Pfaffenthal, das erstmals 1447 erwähnte Eichtor und das Tor der Bons Malades, zerstört. Der französische Ingenieur hat sie 1684-85 durch zwei mächtige, mittelalterlich aussehende Türme ersetzt, die sechs Fuß starke, „bombensichere" Mauern haben. Sie befinden sich zu beiden Seiten der Alzette und waren durch eine befestigte Brücke miteinander verbunden. Die zur Schließung der Pfaffenthal-Schneise bestimmten **Vauban-Türme** wurden in ein Verteidigungssystem integriert, das sich von den Höhen des Berlaimont bis zum gegenüber liegenden Hang des **Fort Niedergrünewald** *(oben)* erstreckt. Dessen österreichische Redoute wurde kürzlich zum Teil restauriert.

Vauban's siege destroyed the old mediaeval gate in the Pfaffenthal valley – the Eich gate, first mentioned in 1447, and that of the Bons Malades. In 1684-1685 the French engineer replaced them with two sturdy towers in the style of the Middle Ages with "bombproof" walls six feet thick on either side of the Alzette, linked by a fortified bridge. Built to defend the Pfaffenthal gap, the **Vauban towers** were integrated into a defensive system reaching from the Berlaimont heights to the opposite slope of **Fort Niedergrünewald** *(above)*, of which the Austrian redoubt has been partially restored.

De belegering door Vauban legde de oude middeleeuwse poorten in de vallei van Pfaffenthal in puin : de poort van Eich, die voor het eerst in 1447 wordt vernoemd en de poort 'des Bons Malades'. De Franse vestingbouwer verving ze vanaf 1684-85 door drie imposante torens die middeleeuws oogden, met dikke 'bombestendige' muren van wel zes voet, aan weerskanten van de Alzette, en verbonden door een versterkte brug. De **Vauban-toren** waren bedoeld om een bres in Pfaffenthal te verhinderen en werden ingevoegd in een stelsel dat zich uitstrekt van de hoogtes van Berlaimont tot aan de tegenoverliggende helling van het **Niedergrünewald Fort** *(hierboven)*, waarvan de Oostenrijkse redoute onlangs deels gerestaureerd werd.

En 1735, les Autrichiens construisirent un pont en pierre, la «**Schlassbréck**», entre la fortification du rocher du Bock et la ville haute afin d'éviter les coûts de maintenance de son prédécesseur en bois. C'est la seule construction en grès rouge de la ville, amené de Berg en Allemagne. Il possède la particularité de permettre une circulation sur quatre niveaux, dont un souterrain.

1735 errichteten die Österreicher eine Steinbrücke, die „**Schlassbréck**", zwischen der Festungsanlage des Bockfelsens und der Oberstadt, um die Kosten für die Instandhaltung der Vorgängerbrücke aus Holz zu sparen. Es ist die einzige Konstruktion in der ganzen Stadt aus rotem Sandstein, der aus dem deutschen Berg angeliefert wurde. Die Brücke bietet die Möglichkeit, den Verkehr über vier Ebenen passieren zu lassen, von denen eine unterirdisch verläuft.

In 1735 the Austrians built a stone bridge, the "**Schlossbrücke**" (castle's bridge) between the fortifications on the Bock and the upper city to reduce the maintenance costs of the old wooden bridge. It is the only construction in red sandstone, coming from Berg in Germany, in the city. It is unusual in that it has four levels for traffic, one of which is underground.

In 1735 bouwden de Oostenrijkers een stenen brug, de «**Schlossbrücke**», tussen de versterking van de rots van de Bock en de bovenstad om de kosten voor het onderhoud van zijn houten voorganger te vermijden. Het is de enige constructie van rode zandsteen, die uit Berg in Duitsland werd aangevoerd, in de stad. Apart aan de brug is dat er over vier verdiepingen, waarvan één ondergrondse, verkeer mogelijk is.

Les casemates sont particulièrement caractéristiques de la forteresse de Luxembourg, dont les rochers se prêtent bien à une fortification souterraine. Les plus anciennes, qui remontent à 1671, furent construites pour la défense de la Montée du Pfaffenthal.

Les Autrichiens dotèrent chaque fort de son propre réseau souterrain. Les artilleries abritées dans les casemates étaient destinées à balayer de leur feu le fond des vallées. Casemates, galeries de mines et autres communications s'étendirent, avant le démantèlement en 1867, sur une longueur totale de 23 kilomètres. Certaines servirent d'abri antiaérien pour la population pendant la Seconde Guerre mondiale.

Les **casemates du Bock** sont les seuls éléments des fortifications du rocher du Bock qui ne purent être détruits en 1875. Creusées en 1744-1745 par les Autrichiens sur trois niveaux, elles pouvaient être armées de 25 pièces d'artillerie, dont 12 étaient tournées vers le nord et 13 vers le sud. En cas de bombardement, ces grands espaces pouvaient abriter plusieurs centaines de soldats, l'approvisionnement en eau étant assuré par l'ancien puits médiéval du château comtal.

Die unterirdischen Kasematten sind eine besondere Eigenheit der Festung Luxemburg, deren Felsen sich für derartige Befestigungsanlagen sehr gut eignen. Die ältesten unter ihnen, die auf das Jahr 1671 zurückgehen, wurden zur Verteidigung der Montée du Pfaffenthal gebaut.

Die Österreicher versahen jedes Fort mit einem eigenen unterirdischen Netzwerk. Die in den Kasematten untergebrachten Artilleriestellungen waren dazu bestimmt, über die Täler herannahende Feinde unter Feuer zu nehmen. Vor der Schleifung der Festung im Jahr 1867 erstreckten sich die Kasematten, die Minengänge und anderen Verbindungswege über eine Gesamtlänge von 23 Kilometern. Einige dieser unterirdischen Bauten dienten der Bevölkerung während des Zweiten Weltkriegs als Zufluchtsort vor den Luftangriffen.

Die **Bockkasematten** sind die einzigen Bestandteile der Festungsanlagen des Bockfelsens, die 1875 nicht zerstört werden konnten. 1744-1745 von den Österreichern über drei Ebenen angelegt, konnten sie mit 25 Geschützen bestückt werden, von denen 12 nach Norden und 13 nach Süden ausgerichtet waren. Im Falle einer Bombardierung konnten sich in diesen großen Räumen mehrere hundert Soldaten verschanzen, wobei die Wasserversorgung durch den alten mittelalterlichen Brunnen des Grafenschlosses gewährleistet wurde.

The underground casemates are quite characteristic of the fortress of Luxembourg as the underlying rock is favorable for underground fortifications. The oldest, dating from 1671, were built to defend the Pfaffenthal Rise (Montée du Pfaffenthal).

Each outlying fort built by the Austrians had its own underground network. The artillery sheltered in the casemates were designed to sweep the valley below with their fire. Casemates, sapping tunnels and other communicating galleries stretched over 23 kilometres before they were dismantled in 1867. Some of them served as air raid shelters during the Second World Was.

The **Bock casemates** are the only elements of the Rock fortifications that could not be destroyed. They were dug by the Austrians in 1744-1745 on three levels and could be armed with 25 pieces of artillery, 12 of which were aimed to the north and 13 of which were aimed to the south. In case of shelling, these huge spaces could shelter several hundreds of soldiers, as water was readily available from the old mediaeval well of the Count's castle.

De ondergrondse kazematten zijn zeer kenmerkend voor de vesting van Luxemburg. Het moet gezegd dat de rotsen zich dan ook uitstekend lenen voor een ondergrondse versterking. De oudste, die teruggaan tot 1671, werden aangelegd om de omhooggaande weg naar Pfaffenthal (Montée du Pfaffenthal), te verdedigen.

In elk fort legden de Oostenrijkers een eigen ondergronds netwerk aan. Het was de bedoeling dat de artillerieën die in de kazematten waren ondergebracht, de valleien onder vuur zouden houden. Kazematten, mijngalerijen en andere verkeerswegen breidden zich uit over een totale lengte van 23 kilometer, tot alles in 1867 werd ontmanteld. Sommige dienden nog wel als beschutting tegen luchtaanvallen voor de bevolking tijdens de Tweede Wereldoorlog.

De **kazematten van de Bock** zijn de enige elementen van de versterkingen van de rots van de Bock die niet konden vernietigd worden. Ze werden in 1744-1745 door de Oostenrijkers gegraven op drie niveaus en konden bewapend worden met 25 stuks geschut, waarvan 12 naar het noorden en 13 naar het zuiden gericht waren. Bij een bombardement konden deze grote ruimtes enkele honderden soldaten herbergen. De oude middeleeuwse put van het gravenkasteel zorgde voor de waterbevoorrading.

Page de gauche
Il subsiste de la forteresse bien peu de vestiges en élévation. Les meilleurs exemples se trouvent du côté du Kirchberg. Ainsi, la **Tour Malakoff** (1861), qui domine la chaussée montant de Clausen au Kirchberg, fut la dernière fortification construite avant le démantèlement. Elle doit son nom à sa ressemblance avec le fort Malakoff de Sébastopol, rendu célèbre au cours de la guerre de Crimée (1854-1856).

Ci-dessus
Le **Fort Thüngen**, mieux connu sous le nom de *'Drei Eechelen'*, les Trois Glands, à cause de la forme de ses couronnements de toiture, fut construit sous le régime autrichien à partir de 1732 puis modifié par les Prussiens en 1836. C'est grâce à son aspect pittoresque que le front intérieur du réduit doit d'avoir survécu. Le Musée de la Forteresse y est aujourd'hui installé. Il partage le site avec le MUDAM, le nouveau Musée d'Art moderne Grand-Duc Jean *(à l'arrière-plan)*.

Le site des forts Thüngen et Obergrünewald fait l'objet d'un vaste projet de reconstruction. De mauvaises langues prétendent que ceci constitue une violation de l'article 5 du Traité de Londres et que le Luxembourg risque une intervention des anciennes puissances signataires du Traité...

Linke Seite
Von der Festung existieren heute nur noch wenige Überreste. Die am besten erhaltenen Teile befinden sich an der Kirchberger Seite. So war beispielsweise der **Malakoff-Turm** (1861), der die Straße von Clausen nach Kirchberg überragt, der letzte Festungsbau, der vor dem Abriss errichtet wurde. Er verdankt seinen Namen seiner Ähnlichkeit mit dem Fort Malakoff von Sebastopol, das während des Krim-Krieges (1854-1856) berühmt wurde.

Oben
Das **Fort Thüngen**, aufgrund der Form seiner Dachkronen besser bekannt unter dem Namen die *'Drei Eicheln'*, wurde unter der österreichischen Regentschaft ab dem Jahr 1732 errichtet und 1836 von den Preußen umgebaut. Die Innenfassade des Reduit blieb aufgrund ihres malerischen Äußeren erhalten. Heute befindet sich dort das Festungsmuseum, das sich das Gelände mit dem MUDAM, dem neuen Museum für moderne Kunst Grand-Duc Jean, teilt *(im Hintergrund)*.

An den Anlagen der Forts Thüngen und Obergrünewald werden derzeit umfangreiche Umbaumaßnahmen durchgeführt. Böse Zungen behaupten, dass dies einen Verstoß gegen Artikel 5 des Londoner Vertrags darstellt und dass Luxemburg eine mögliche Intervention von Seiten der alten Unterzeichnermächte des Vertrages riskiert...

Page left
Very little of the fortress remains above ground. The best examples are found on the Kirchberg side, such as **the Malakoff tower** of 1861 that dominates the road mounting from Clausen to Kirchberg. It was the last fortification built before the dismantlement. It owes its name to its resemblance to Fort Malakoff at Sebastopol that became famous during the Crimean War of 1854-1856.

Above
Fort Thüngen, better known under its nickname *"Drei Eechelen"* or The Three Acorns because of the shape of its roofs, was built in 1732 during the Austrian regime and later modified in 1836 by the Prussians. The frontage of the reduit has survived mainly because it is so picturesque. Nowadays it is occupied by the Fortress Museum that shares the site with MUDAM, the new Museum of Modern Art Grand Duke Jean *(in the background)*.

The site of the forts of Thüngen and Obergrünewald is undergoing a great deal of reconstruction. However, some wags claim that is a violation of Article 5 of the Treaty of London and that Luxembourg risks action being taken by the former powers that signed the Treaty.

Pagina links
Van de vesting resten nog maar weinig hoger gelegen overblijfselen. De mooiste voorbeelden zijn te vinden in Kirchberg. Zo domineert de «**Malakoff toren**» (1861) de steenweg die van Clausen naar Kirchberg loopt. Hij was de laatste versterking die werd gebouwd alvorens de ontmanteling startte. Hij dankt zijn naam aan de gelijkenis met het Malakoff fort van Sebastopol, dat beroemd werd tijdens de Krimoorlog (1854-1856).

Hierboven
Het **Thüngen Fort**, dat beter bekend is onder de naam «*Drei Eechelen*», de Drie Eikels, door de vorm van zijn dakpunten, werd vanaf 1732 gebouwd onder het Oostenrijks bewind en in 1836 weer veranderd door de Pruisen. Dat de binnenzijde van het reduit overleefde is vast te danken aan het pittoreske uiterlijk. Het Museum van het Fort is er nu gevestigd. Het kreeg het gezelschap van het MUDAM, het nieuwe Museum voor Moderne Kunst Groothertog Jan *(op de achtergrond)*.

Voor de site van de forten Thüngen en Obergrünewald werd een grootscheeps project voor de heropbouw opgezet. Kwatongen beweren dat het een inbreuk is op het artikel 5 van het Verdrag van Londen en dat Luxemburg wel eens aangevallen zou kunnen worden door de andere machten die het Verdrag toen ondertekenden...

La capitale romantique, façonnée par le XIXe siècle

Die durch das 19. Jh. geprägte romantische Hauptstadt

Après son démantèlement, la forteresse mal-aimée se transforme en une sorte de ruine géante aménagée dans le goût romantique. Certains vestiges sont laissés en place, des jardins créés, des chemins de promenade aménagés sur les anciens remparts. Les premières villas, éparses, partent timidement à la conquête de l'espace au-delà des remparts, comme en 1872/73 la maison natale de Robert Schuman (1886-1963) à Clausen. La ville respire et ses habitants vont à la découverte de la beauté unique du site de Luxembourg dans son écrin de verdure que longtemps, blottis derrière les remparts, ils n'ont pu apercevoir.

Nach ihrer Schleifung verwandelt sich die ungeliebte Festung in eine nach romantischem Geschmack eingerichtete gigantische Ruine. Einige Überreste wurden an Ort und Stelle belassen, es wurden Gärten angelegt und Spazierwege auf den alten Festungsmauern eingerichtet. Vereinzelte Villen, wie das 1872/73 errichtete Geburtshaus von Robert Schuman (1886-1963) in Clausen, streben zaghaft in den Freiraum jenseits der Festungsmauern. Die Stadt atmet und ihre Einwohner entdecken die einzigartige Schönheit des Standorts von Luxemburg in seiner grünen Umgebung, die sie lange Zeit nicht haben sehen können, da sie hinter den Festungsmauern verborgen gewesen war.

The Romantic Capital, Fruit of the 19th Century

De romantische hoofdstad, geboetseerd door de 19de eeuw

After its demolition the little-loved fortress was transformed into a sort of giant ruin, arranged according to the romantic tastes of that period. A few vestiges were left intact, gardens were planted and promenades laid out along the old ramparts. A few isolated villas began the conquest of the space beyond the ramparts, such as the birthplace of Robert Schuman (1886-1963) at Clausen. The city finally has breathing space and its inhabitants soon discover the unique beauty of the site of Luxembourg in its curtain of greenery for so long hidden behind the ramparts.

Na zijn ontmanteling wordt het onbeminde fort een soort van reuzeruïne die naar de romantische smaak was ingericht. Sommige resten bleven ter plaatse, er werden tuinen aangelegd en wandelpaden uitgestippeld op de oude wallen. De eerste, versnipperde, villa's trekken schuchter op verovering van de ruimte voorbij de wallen, zoals het geboortehuis van Robert Schuman (1886-1963) in Clausen. De stad ademt en haar bewoners verkennen de unieke schoonheid van de site van Luxemburg in haar nu groene kader, dat zo lang voor hen verborgen bleef toen ze achter de wallen huisden.

Le site de l'ancienne forteresse offre de pittoresques perspectives, dont l'accès fut rendu possible par des **promenades aménagées sur les anciens forts** et bastions à partir de la fin du XIXe siècle. La vue plongeante sur la ville basse du Grund en est un des points forts, comme ici la vue vers le nord à partir du fort du Verlorenkost.

Der Standort der alten Festungsanlage bietet malerische Ausblicke. Er wurde seit Ende des 19. Jh. über **angelegte Fußwege durch die früheren Forts und Bastionen** zugänglich gemacht. Der Blick hinunter auf die Unterstadt Grund gehört hierbei ebenso zu den Höhepunkten wie die Aussicht nach Norden vom Fort Verlorenkost aus.

The site of the old fortress offers many picturesque viewpoints that are now accessible by the **promenades developed along the old forts** and bastions toward the end of the 19th century. The birds-eye view over the lower city of Grund is one of the best, as here in the view to the north from the Verlorenkost fort.

De site van het oude fort biedt schilderachtige uitzichten, die te bereiken zijn langs **wandelpaden** die vanaf het einde van de negentiende eeuw werden aangelegd **op de oude forten** en bastions. Het uitzicht op de benedenstad Grund is één van de troeven, zoals hier de noordwaartse uitkijk vanuit het fort van Verlorenkost.

De l'autre côté, le **fort Obergrünewald** offre une vue sur la vieille ville et le Pfaffenthal. À l'avant-plan se détache une des échauguettes «espagnoles» *(«Spuenesch Tiermecher»)* construites sous Vauban en 1684-85. Seules neuf de ces guérites purent être sauvées in extremis de la destruction en 1875. Romantiques à croquer, elles sont devenues l'un des symboles de Luxembourg. Autre élément essentiel des vues romantiques de Luxembourg : les viaducs du chemin de fer. Construits de 1859 à 1862, leur style simple et sévère s'harmonise parfaitement avec la profonde vallée de l'Alzette qu'ils traversent. Ils constituent, avec le pont routier de la Passerelle, les premières constructions civiles qui marquèrent profondément l'aspect de la capitale.

Von der anderen Seite bietet das **Fort Obergrünewald** einen herrlichen Blick auf die Altstadt und das Pfaffenthal. Im Vordergrund erhebt sich einer der „spanischen" Pfostenerker *('Spuenesch Tiermecher')*, erbaut 1684-85 unter Vauban. Lediglich neun dieser Schilderhäuser konnten in letzter Minute bei der Zerstörung von 1875 gerettet werden. Diese sehr romantischen Bauten wurden zu einem der Wahrzeichen Luxemburgs. Weitere wichtige Objekte der romantischen Seite Luxemburgs sind die Eisenbahnviadukte, die zwischen 1859 und 1862 gebaut wurden und deren einfacher und nüchterner Stil sich harmonisch an das von ihnen überquerte tiefe Alzettetal anpasst. Sie sind gemeinsam mit der Straßenbrücke 'Passerelle' die ersten zivilen Bauten, die das Bild der Hauptstadt wesentlich geprägt haben.

From the other side, **Fort Obergrünewald** offers a view on the old city and the Pfaffenthal. One of the "Spanish" watchtowers *(Spuenesch Tiermescher)* built by Vauban in 1684-1685 stands in the foreground. Only nine of these watchtowers were saved in extremis from destruction in 1875. Romantic to the nth degree, they have become one of the symbols of Luxembourg. The railway viaducts are another essential element of the romantic views of Luxembourg. Built between 1859 and 1862 their simple, reserved style harmonizes perfectly with the deep valley of the Alzette that they cross. Along with the road bridge of the 'Passerelle' they are the first civic constructions that deeply influenced the face of the capital.

Aan de andere kant biedt het **Obergrünewald Fort** een uitzicht op de oude stad en op Pfaffenthal. Op de voorgrond tekent zich één van de «Spaanse» wachttorentjes af *(«Spuenesch Tiermecher»)* die in 1684-1685 onder Vauban werden gebouwd. Slechts negen van deze wachthuisjes konden in extremis van de sloophamer worden gered in 1875. Ze zijn beeldig romantisch en groeiden uit tot één van de symbolen van Luxemburg. Een ander belangrijk element van de romantische uitzichten over Luxemburg : de viaducten van de spoorweg. Ze werden gebouwd tussen 1859 en 1862 en hun eenvoudige en strenge stijl past harmonieus bij de diepe vallei van de Alzette die ze doorkruisen. Ze vormen, met de «Passerelle»-verkeersbrug, de eerste burgerlijke bouwwerken die het uitzicht van de stad voor een groot stuk bepaalden.

◄▲►

Témoignage le plus pittoresque de cette recherche de romantisme: la «**Dent creuse**» *(«Huelen Zant»)*, sur le Bock où se dressait jadis le château du comte Sigefroi, fut transformée en symbole de celui-ci. Cette tour qui faisait partie du fortin du Bock fut reconstruite dans un esprit romantique par Charles Arendt, émule local de Viollet-le-Duc. À moitié ruinée, elle devait évoquer le château médiéval du comte, détruit en 1556 puis entièrement rasé pour les besoins de la forteresse. Une pseudo-fissure fut sculptée dans la muraille du côté de Clausen, une colonne et une fenêtre néo-romanes ajoutées. L'original n'eût pu revêtir un aspect plus médiéval...

Das malerischste Zeugnis dieses Strebens nach Romantik, der ,,**Hohle Zahn**'' *(,,Huelen Zant'')* auf dem Bock-Felsen, wo sich einst das Schloss des Grafen Siegfried erhob, wurde zu einem Symbol der Burg. Dieser Turm, der Teil des kleinen Bock-Forts war, wurde von Charles Arendt, einem lokalen Nacheiferer von Viollet-le-Duc, in romantischem Stil umgebaut. Der halb verfallene Turm sollte an das mittelalterliche Schloss des Grafen erinnern, das 1556 zerstört und dann zugunsten der Festung vollständig geschleift wurde. Ein Scheinriss wurde in die Mauer auf der nach Clausen gerichteten Seite gehauen, eine Säule und ein Fenster neuromanischen Stils hinzugefügt. Das Original hätte nicht mittelalterlicher Aussehen können...

One of the most picturesque examples of this romantic quest is the **Dent creuse *(the Hollow Tooth)*** on the Bock where once stood the castle of Count Sigefroi, now become a symbol of the castle. This tower that once was part of the little fort on the Bock was remodeled in the romantic vein by Charles Arendt, a disciple of Viollet-le-Duc. Half ruined, it was to evoke the Count's mediaeval castle, destroyed in 1556 and completely leveled to build the fortress. A false fissure was carved into the wall on the Clausen side and a column and a neo-Romanesque window were added. It is probably more mediaeval-looking than the original.

De schilderachtigste getuigenis van deze zucht naar romantisme is de «**Holle Tand**» *(«Huelen Zant»)* op de Bock, waar eertijds het kasteel van graaf Siegfried was verrezen. Deze nu gerenoveerde verdedigingstoren werd het symbool van de burcht. Hij maakte deel uit van het kleine fort van de Bock en werd in een romantische sfeer omgebouwd door Charles Arendt, de lokale navolgeling van Viollet-le-Duc. Het lag half in puin, maar moest het beeld van het middeleeuws kasteel van de graaf oproepen, dat in 1556 werd vernield en daarna volledig met de grond gelijk gemaakt werd om het fort te bouwen. In de muur langs de kant van Clausen werd een pseudo-scheur aangebracht en er werden een zuil en een raam in neo-romaanse stijl aan toegevoegd. Het origineel had er niet middeleeuwser uit kunnen zien...

La **promenade de la corniche** fut inaugurée en 1875 sur les anciens remparts. Elle prend son départ derrière l'église Saint-Michel, d'où l'on aperçoit le presbytère néogothique *(ci-dessus)*. Élément rare dans une ville au bâti très dense : un jardin agrémente l'arrière de l'ancien monastère des Dominicains, aujourd'hui clinique Saint-François.

Triple page suivante

Au loin, avant le bastion du Saint-Esprit où s'achève la promenade, l'ancien hôpital militaire prussien terminé en 1866, occupé depuis 1967 par les Archives nationales, veille sur la ville basse du Grund. Celle-ci était en plein déclin à la fin du XIXe siècle malgré les poids lourds de l'industrie qui y étaient implantés. Le déclin économique et social du Grund était lié aux nouvelles voies d'accès à Luxembourg qui le contournent. Le Grund est alors laissé à l'abandon et l'installation de prisons dans l'hospice Saint-Jean en 1851 et dans l'ancienne abbaye de Neumünster en 1869 contribua à ternir l'image du quartier. Le changement n'intervint qu'à partir de 1984 avec le début de la rénovation.

Der **Corniche-Spazierweg** wurde 1875 auf den ehemaligen Festungsmauern eingeweiht. Er beginnt hinter der St.-Michael-Kirche, von der aus man das neugotische Pfarrhaus *(oben)* sieht. Ein seltenes Element in einer Stadt mit sehr dichter Baustruktur ist der Garten, der die Rückseite des ehemaligen Dominikaner-Klosters, in dem heute die Franziskusklinik untergebracht ist, schmückt.

Nächste Dreifachseite

In der Ferne, vor der Bastion du Saint-Esprit, wo der Spazierweg endet, wacht das 1866 fertiggestellte preußische Militärkrankenhaus, in dem sich seit 1967 das Nationalarchiv befindet, über die Unterstadt Grund. Ende des 19. Jh. ist die Unterstadt in vollem Niedergang - trotz der industriellen Schwergewichte, die dort angesiedelt waren. Der wirtschaftliche und soziale Niedergang des Grund war auf die neuen, ihn umgehenden Zufahrtswege in die Oberstadt zurückzuführen. Der Grund wurde daher der Verwahrlosung überlassen. Die Einrichtung von Gefängnissen im Johanneshospiz 1851 und in der ehemaligen Abtei Neumünster 1869 trug zur Verschlechterung des Rufes des Viertels bei. Zu einer Änderung kam es erst 1984 mit dem Beginn der Renovierung des Viertels.

The **Corniche Promenade** was opened in 1875 on the old ramparts. It begins behind Saint Michael's church where the neo-Gothic presbytery stands *(above)*. A garden, element rare in such a densely built city, enlivens the back of the former Dominican monastery, now the Saint Francis clinic.

Following triple page

In the distance, before the Saint Esprit bastion where the promenade ends, the long Archives building, once a Prussian military hospital built in the 19th century, looks down upon the lower city of Grund. Grund declined rapidly from the end of the 19th century, despite the important industries located there. The economic and social decline of Grund was hastened by the new means of access to Luxembourg that bypassed it. It was finally left to decay. The installation of prisons in the Saint Jean hospice in 1851 and in the old Abbey of Neumünster in 1869 did not improve its image. Change only began in 1984 when renovations started in the district.

De **promenade van de Corniche** werd aangelegd op de oude omwalling en in 1875 ingehuldigd. Ze vertrekt achter de Sint-Michielskerk van waar de neogotische pastorie te zien is *(hierboven)*. Een zeldzaam element in een dicht bebouwde stad: een tuin achter het dominicanenklooster, vandaag de 'clinique Saint-François'.

Volgende drieledige pagina

In de verte duikt, vóór het bastion van de Heilige Geest waar de promenade eindigt, het lange Archiefgebouw op. Dit is een oud Pruisisch militair hospitaal uit de negentiende eeuw, dat over de benedenstad Grund waakt. Die benedenstad is op het einde van de negentiende eeuw helemaal in verval ook al waren er zwaargewichten van de industrie gevestigd. De economische en sociale achteruitgang van Grund werd in de hand gewerkt door de aanleg van nieuwe toegangswegen naar Luxemburg die er om heen liepen. Grund blijft dan letterlijk links liggen. In het Sint-Jansgasthuis en in de oude abdij van Neumünster wordt in 1851 een gevangenis ingericht, wat het imago van de wijk ook al zeker niet ten goede kwam. Het tij keerde pas in 1984 met de renovatie van de wijk.

L'**Hôtel de la Chambre des Députés** fut édifié de 1858 à 1860 à côté de l'actuel palais grand-ducal. Jugé trop petit dès sa construction, il fut considérablement agrandi en 1881 vers le palais.

The building housing the **Chamber of Deputies** was erected beside the present Grand Ducal Palace between 1858 and 1860. Almost as soon as it was built, the Chamber was deemed too small and was considerably enlarged towards the palace.

Das **Gebäude der Abgeordnetenkammer** wurde von 1858 bis 1860 neben dem derzeitigen großherzoglichen Palast errichtet. Das seit seinem Bau als zu klein betrachtete Gebäude wurde 1881 zum Palast hin erheblich vergrößert.

Het **Huis van de Kamer van Afgevaardigden** werd opgetrokken tussen 1858 en 1860, naast het huidig groothertogelijk paleis. Omdat het meteen na de bouw al te klein werd bevonden, werd het gebouw in 1881 fors vergroot naar het paleis toe.

Ci-contre et double page suivante

D'autres projets d'agrandissement de l'**Hôtel de la Chambre** se sont succédés sans aboutir, certains proposant même un transfert vers d'autres sites de la ville. Finalement la rénovation complète fut décidée en 1995. Lors des travaux de transformation, achevés en 1999, les structures et décors historiques furent enlevés dans la salle des séance – le bâtiment ayant été évidé – puis reconstitués sous un aspect ancien. Le balcon, élargi, permet à la presse et au public de suivre les débats des 60 députés, sous l'œil vigilant de S.A.R. le grand-duc Henri.

La rampe du perron s'appuie sur les fondations du chœur de l'ancienne église Saint-Nicolas démolie en 1778. Des fouilles révélèrent des fosses à ossements situées contre les murs de la Chambre.

Les colonnettes d'angles sont sommées d'anges allégoriques, celui au parchemin représentant le pouvoir législatif.

Nebenstehend und folgende Doppelseite

Andere Vergrößerungsprojekte der **Abgeordnetenkammer** folgten, ohne jedoch umgesetzt zu werden, wobei einige sogar eine Verlegung an andere Orte der Stadt vorsahen. Schließlich wurde 1995 eine vollständige Renovierung beschlossen. Bei den 1999 abgeschlossenen Umbauarbeiten wurden die historischen Strukturen und Verzierungen im Sitzungssaal – das Gebäude war ausgehöhlt worden – entfernt, um dann mit historischem Aussehen wieder rekonstruiert zu werden. Dank des vergrößerten Balkons können Presse und Öffentlichkeit die Debatten der 60 Abgeordneten unter dem wachsamen Auge seiner Königlichen Hoheit Großherzog Henri verfolgen.

Die Außentreppe stützt sich auf die Fundamente Chors der 1778 abgerissenen Nikolaus-Kirche. Bei Ausgrabungen wurden an den Mauern der Abgeordnetenkammer Gräber gefunden.

Auf den Ecksäulen befinden sich allegorische Engel. Der mit dem Pergament stellt die legislative Gewalt dar.

Opposite and next double page

Further extensions of the **Chamber of Deputies** were projected, but never adopted, and consideration was even given to transfer the Chamber to another part of the city. A total renovation was finally decided on in 1995. During the renovations all the original fittings and historical decor were removed from the sessions chamber – the building having been emptied – and then replaced upon completion in 1999. The enlarged balcony allows the press and the public to follow the debates by the 60 deputies under the vigilant eye of HRH Grand Duke Henri.

The double ramped perron rests on the foundations of the choir of the former church of Saint Nicholas, demolished in 1778. Archaeological digs have unearthed bones from a former burial site against the walls of the Chamber.

The corner colonettes are crowned with allegoric angels; the one holding a parchment symbolizes the legislative powers.

Hiernaast en volgende dubbele pagina

Er volgden nog andere uitbreidingsprojecten van het **Huis van de Kamer** die echter nooit concreet vorm kregen, zoals onder meer zelfs de overheveling naar andere lokaties in de stad. Uiteindelijk viel in 1995 de beslissing om het gebouw volledig te renoveren. Tijdens de verbouwingswerken die in 1999 werden voltooid, werden de historische structuren en decors verwijderd uit de zittingszaal – het gebouw was volledig leeggehaald – en daarna naar het oude model herbouwd. Op het verbrede balkon kunnen de pers en het publiek de debatten van de 60 afgevaardigden volgen, onder het waakzaam oog van groothertog Henri.

De trapleuning van de pui steunt op de funderingen van het koor van de oude Sint-Nicolaaskerk die in 1778 werd afgebroken. Recente opgravingen legden grachten met beenderen bloot tegen de muren van de Kamer.

Op de hoekzuiltjes zitten allegorische engelen, waarbij de engel met het perkament de wetgevende macht voorstelt.

Pages 146 à 151

La vaste **place Guillaume** est surnommée par les Luxembourgeois le «*Knuedeler*». Ce nom fait référence aux nœuds de la ceinture des moines franciscains, ou frères cordeliers, qui avaient leur couvent à cet endroit jusqu'à sa démolition en 1830.

Afin de combler le vide de la place après la destruction de l'église des franciscains, on y éleva en 1884 la statue équestre de Guillaume II (1792-1849), roi des Pays-Bas et grand-duc de Luxembourg. Le «chevaleresque souverain» chevauche sur un haut socle en pierre face au palais grand-ducal. En octroyant aux Luxembourgeois la Constitution d'États en 1841 et la Constitution de 1848, il posa les fondements de l'autonomie de la nation luxembourgeoise; c'est cette scène que le «Luxembourg reconnaissant» voulait faire figurer sur le piédestal. Or Guillaume III, son successeur, s'y opposa formellement: il n'appréciait guère la constitution libérale de 1848. Le socle fut finalement décoré par des armoiries et un «groupe pittoresque» symbolisant les faits d'armes accomplis à Waterloo par le souverain. Prévu pour être national, le monument sera exécuté à Paris par le célèbre sculpteur français Antonin Mercié.

Seite 146 bis 151

Die große **place Guillaume** (Wilhelmplatz) wird von den Luxemburgern „*Knuedeler*" genannt. Dieser Name stammt von den Knoten des Gürtels der Franziskanermönche, deren Kloster bis zu seinem Abriss 1830 an dieser Stelle stand.

Um die Leere des Platzes nach dem Abriss der Franziskanerkirche zu füllen, wurde dort 1884 die Reiterstatue von Wilhelm II (1792-1849), König der Niederlande und Großherzog von Luxemburg, aufgestellt. Der "ritterliche Herrscher" reitet ein Pferd, das auf einem hohen Steinsockel gegenüber dem großherzoglichen Palast steht. Indem er den Luxemburgern 1841 die Ständeverfassung und 1848 die Verfassung gab, legte er die Grundlagen für die Selbständigkeit der luxemburgischen Nation. Diese Szene wollte das „dankbare Luxemburg" auf dem Sockel darstellen. Sein Nachfolger Wilhelm III widersetzte sich dem entschieden: Er schätzte die liberale Verfassung von 1848 kaum. Der Sockel wurde schließlich mit Wappen und einer „pittoresken Gruppe", die die von dem Herrscher in Waterloo vollbrachten kriegerischen Heldentaten symbolisieren, geschmückt. Das national gedachte Denkmal wird in Paris von dem berühmten französischen Bildhauer Antonin Mercié ausgeführt.

Pages 146 to 151

The vast **Place Guillaume** is nicknamed the *"Knuedeler"* by the Luxembourgers. The name refers to the knotted belts of the Franciscan, or Cordelier, monks who had their monastery on this site until it was demolished in 1830.

In order to fill the void of the square after the destruction of the Franciscan church, an equestrian statue of William II, (1792-1849) King of the Netherlands and Grand Duke of Luxembourg, was installed in 1884.The chivalrous King is mounted on a high pedestal facing the Grand Ducal palace. By granting a State Constitution in 1841 and another in 1848 he laid the foundation for the autonomy of the State of Luxembourg and it is these deeds that "grateful Luxembourg" wished to commemorate on the pedestal. However, his successor William III was totally opposed to this, as he did not appreciate the constitution of 1848. The base was finally decorated with coats of arms and a "picturesque grouping" depicting the military prowess of the sovereign at Waterloo. Although it was supposed to be a national work, the monument was made in Paris by the celebrated French sculptor, Antonin Mercié.

Pagina's 146 tot 151

Het weidse **place Guillaume** wordt door alle Luxemburgers aangeduid met de bijnaam «*Knuedeler*». Deze naam verwijst naar de pijkwasten aan de gordel van de franciscaanse monniken of kordeliers, die daar hun klooster hadden tot de sloop in 1830.

Om de leegte op het plein na de afbraak van de franciscanenkerk op te vullen, werd er in 1884 het ruiterstandbeeld van Willem II (1792-1849), koning der Nederlanden en groothertog van Luxemburg, geplaatst. De «ruiterlijke vorst» zit op een hoge stenen sokkel, met het gezicht naar het groothertogelijk paleis. Met de toekenning aan de Luxemburgers van de Staten vergadering in 1841 en de Grondwet in 1848, legde hij de grondslagen voor de onafhankelijkheid van de Luxemburgse natie; het is dit tafereel dat het «erkentelijk Luxemburg» op het voetstuk wou vereeuwigen. Maar Willem III, zijn opvolger, verzette er zich formeel tegen : hij liep niet zo hoog op met de liberale grondwet van 1848. Uiteindelijk werd de sokkel versierd met wapenschilden en een «pittoreske groep» die symbool staat voor de wapenfeiten van de vorst in Waterloo. Het moest een nationaal monument worden en het is de beroemde Franse beeldhouwer Antonin Mercié die het in Parijs zal vervaardigen.

En 1795, la ville avait perdu son Hôtel, devenu palais de la Préfecture - l'actuel palais grand-ducal. Les élus communaux siégèrent un temps dans l'ancien couvent des franciscains, mais il était dans un tel état de délabrement que la décision radicale fut prise d'abattre complètement l'ancien couvent. Ainsi disparut la plus belle église de la ville, haut lieu de son histoire. Les décombres furent utilisés pour l'élévation du nouvel **hôtel de ville** d'une sobre élégance classique, inauguré en 1838.

In 1795 the city lost its City Hall that became the seat of the Prefecture, now the Grand Ducal palace. The communal electors met for awhile in the former Franciscan monastery but it was in such a dilapidated state that the radical decision to demolish the former monastery was taken, and so disappeared the most handsome and historically important church of the city. Material from the demolition was used when building the new **City Hall**, completed in a sober and elegant classical style in 1838.

1795 hatte die Stadt ihr Stadthaus, das zum Präfekturpalast geworden war (heute: großherzoglicher Palast) verloren. Die kommunalen Volksvertreter tagten eine Zeit lang im ehemaligen Franziskanerkloster, aber dieses war in einem derartigen Zustand des Verfalls, dass wurde die radikale Entscheidung getroffen, das ehemalige Kloster völlig abzureißen. So verschwand die schönste Kirche der Stadt, ein Zentrum ihrer Geschichte. Der Bauschutt wurde zum Bau des 1838 eingeweihten neuen **Stadthauses** von klassisch-nüchterner Eleganz verwendet.

In 1795 was de stad haar stadhuis, dat het paleis van de Prefectuur geworden was, kwijtgeraakt – het huidige groothertogelijk paleis. De gemeentelijke verkozenen zetelden een tijdje in het oude franciscanenklooster, maar dat was er zo erbarmelijk aan toe dat werd. In 1830 werd beslist om korte metten te maken met het oude klooster en het volledig af te breken. Zo verdween de mooiste kerk van de stad, een ijkpunt in haar geschiedenis. Het puin werd gebruikt om in 1838 het nieuwe **stadhuis** op te trekken, in een klassieke elegante en sobere stijl.

HOTEL
RESTAURANT
Casanova
HOTEL CASANOVA
RESTAURANT
bq
brasserie guillaume

Luxembourg 1900
Luxemburg 1900

La construction du pont Adolphe de 1900 à 1903, qui suivit le développement fulgurant du quartier de la gare, rendit possible l'urbanisation du plateau Bourbon. Comme celui-ci faisait partie des domaines de la forteresse, c'est à l'État qu'il appartint d'établir, avec beaucoup de soin, un plan d'aménagement. L'État s'adressa à l'architecte urbaniste allemand Joseph Stübben (1845-1936) dont l'urbanisme «pittoresque» est basé sur une véritable mise en scène de l'architecture et du paysage. Même si le plan Stübben ne fut finalement pas réalisé, il exerça une grande influence sur l'aménagement du plateau Bourbon approuvé en 1906. Tandis qu'à l'étranger l'Art Nouveau triomphe, l'architecture de style historiciste, évoquant richesse et réussite, bat ici son plein.

Der Bau der Adolfs-Brücke von 1900 bis 1903, der auf die rasante Entwicklung des Bahnhofsviertels folgte, ermöglichte die Urbanisierung des Plateaus Bourbon. Da das Plateau Teil der Besitzungen der Festung war, kam dem Staat die Aufgabe zu, mit großer Sorgfalt einen Raumordnungsplan zu erstellen. Der Staat beauftragte den deutschen Architekten und Urbanisten Joseph Stübben (1845-1936), dessen „pittoresker" Städtebau auf einer echten Inszenierung von Architektur und Landschaft basiert. Wenngleich der Stübben-Plan letztlich nicht umgesetzt worden ist, übte er einen großen Einfluss auf die 1906 beschlossene Gestaltung des Plateaus Bourbon aus. Während im Ausland der Jugendstil triumphiert, erreicht hier die Architektur historizistischen Stils, die an Reichtum und Erfolg erinnert, ihren Höhepunkt.

The construction of the Adolphe Bridge between 1900 and 1903, following the rapid development of the district around the station, made it possible to develop the Bourbon plateau. As the plateau was part of the fortress domain, it was up to the State to provide a well thought out plan for the area. The State engaged Joseph Stübben (1845-1936), a German town planner, who specialized in a "picturesque"emphasis on architecture and landscape. Even though his plan was not actually implemented, it had a profound influence on the development of the Bourbon plateau, approved in 1906. While Art Nouveau triumphed elsewhere, the historicist style of architecture, evoking wealth and success, became the norm here.

De bouw van de Adolphe-brug, van 1900 tot 1903, volgde op de bliksemsnelle ontwikkeling van de stationsbuurt en maakte mogelijk om het Bourbon plateau te bebouwen. Dit maakte deel uit van de domeinen van het fort en dus moest de Staat, met veel zorg, een plan van aanleg opmaken. De Staat besloot de Duitse stedenbouwkundige architect Joseph Stübben (1845-1936) aan te trekken. Zijn «schilderachtige» kijk op stedenbouw was geënt op een heuse enscenering van de architectuur en van het landschap. En hoewel het Stübben plan uiteindelijk nooit concreet vorm kreeg, had het toch een grote invloed op de inrichting van het Bourbon plateau die in 1906 werd goedgekeurd. Terwijl in het buitenland de Art Nouveau zegeviert, scheert hier de historistisch getinte architectuurstijl, die rijkdom en succes uitstraalt, hoge toppen.

es de Clausen

La ville basse de Clausen, le long de l'Alzette, bénéficiait des ressources nécessaires pour activer les moulins et les brasseries. Elle était au XIXe siècle l'un des berceaux de l'industrie brassicole luxembourgeoise.

Au pied de l'ancienne abbaye de Münster – dont seule subsiste une tour aujourd'hui – et dépendant de celle-ci, une première brasserie est déjà connue en 1511. Fondée en 1825, la «Brasserie Française et à Vapeur Mousel-Trierweiler» prit en 1885 le nom de **Brasserie Mousel** Frères. Elle est l'un des précurseurs de l'industrialisation de Luxembourg.

Die Unterstadt Clausen am Ufer der Alzette verfügte über die zum Betrieb von Mühlen und Brauereien erforderlichen Mittel. Im 19. Jh. war sie eine der Wiegen der luxemburgischen Brauerei-Industrie.

Zu Füßen der ehemaligen Abtei von Münster – von der heute nur ein Turm erhalten ist – wird eine erste zur Abtei gehörige Brauerei bereits 1511 erwähnt. Die 1825 gegründete 'Brasserie Française et à Vapeur Mousel-Trierweiler' nahm 1885 den Namen **Brasserie Mousel** Frères an. Sie ist einer der Vorreiter der Industrialisierung Luxemburgs.

The lower suburb of Clausen, along the Alzette, had the resources required to run mills and breweries. It was one of the cradles of the Luxembourg brewing industry in the 19th century

A first brewery, situated below the former Münster Abbey and dependent on it, was already known in 1511. The "Brasserie Française et à Vapeur Mousel-Trierweiler" of 1825 changed its name to **Brasserie Mousel** Brothers in 1885. It was one of the precursors of the industrialization of Luxembourg.

De benedenstad Clausen ligt langs de Alzette, en beschikte dus over de nodige middelen om de molens en brouwerijen te doen draaien. In de 19de eeuw was ze één van de bakermatten van de Luxemburgse brouwindustrie.

Aan de voet van de oude abdij van Münster – waarvan nu nog maar één toren overblijft – is een eerste brouwerij, die trouwens van de abdij afhangt, al bekend in 1511. In 1825 werd de «Brasserie Française et à Vapeur Mousel-Trierweiler» gesticht, die vanaf 1885 **Brasserie Mousel** Frères heette. Ze is één van de voorloopsters van de industrialisering van Luxemburg.

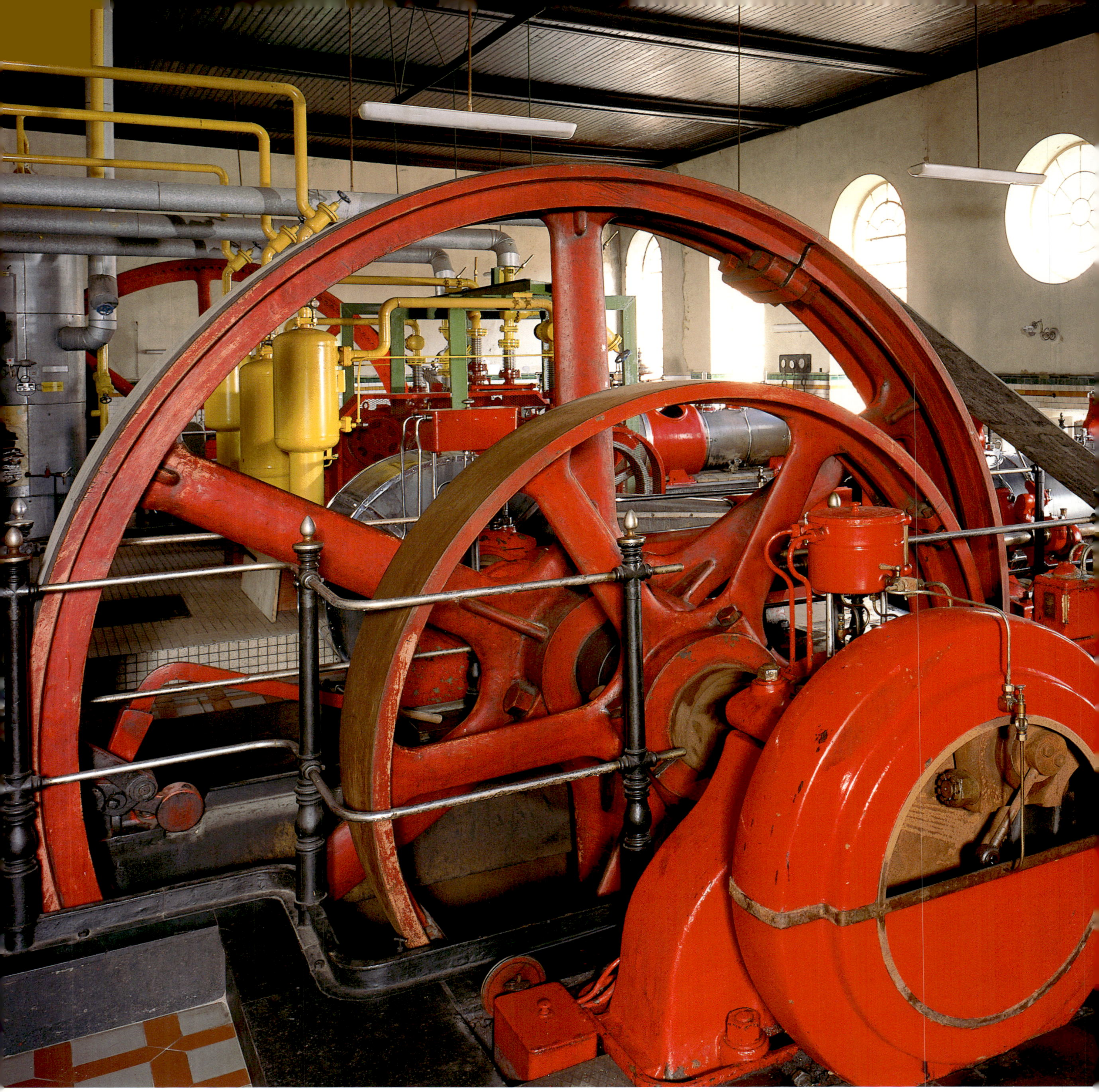

Les machines à vapeur de l'**ancienne brasserie Mousel,** datant de 1903 et 1927, furent en service jusqu'à la fin des années quarante. Elles sont conservées dans leur emplacement d'origine au premier étage d'un bâtiment spécialement construit pour les accueillir.

Ailleurs, nous trouvons les grandes cuves de brassage en cuivre des années cinquante. Elles servirent jusqu'à la fin de la production sur ce site. La production a été définitivement transférée à Diekirch en 2000 mais les bâtiments, avec leur belle architecture industrielle 1900, font actuellement l'objet d'un projet de revalorisation gastronomique, culturelle et ludique qui devrait aboutir en 2007; il revitalisera ce quartier qui fera fonction de charnière entre le Grund, Clausen et la ville haute. Tous ces témoignages anciens, qui nous sont parvenus grâce une volonté de conservation du site, seront intégrés dans les nouvelles structures de restauration.

Die aus den Jahren 1903 und 1927 stammenden Dampfmaschinen der **ehemaligen Brauerei Mousel** waren bis Ende der 40er Jahre in Betrieb. Sie werden an ihrem Originalstandort in der ersten Etage eines für sie errichteten Gebäudes aufbewahrt.

An anderer Stelle finden wir die großen Kupfer-Brauereibehälter der fünfziger Jahre. Sie wurden bis zum Ende der Produktion an diesem Standort genutzt. Im Jahr 2000 wurde die Produktion endgültig nach Diekirch verlegt, aber die Gebäude mit ihrer schönen Industriearchitektur aus dem Jahr 1900 sind derzeit Gegenstand eines für 2007 geplanten Projekts, dem zufolge sie zu Gastronomie, Kultur- und Freizeitzwecken genutzt werden sollen. Dieses Projekt wird das Viertel, das als Bindeglied zwischen Grund, Clausen und Oberstadt fungiert, neu beleben. All diese Zeugnisse, die uns dank der Renovierung des Standorts erhalten sind, werden in die neuen Gewerbestrukturen integriert.

The steam engines of the **former Mousel Brewery**, dating from 1903 and 1937 were used until the end of the 1940's. They stand in their original sites on the first floor of a building especially built for them.

The huge copper brewing vats elsewhere date from the 1950's and were used until the end of production at this site. The brewing operation was permanently moved to Diekirch in 2000, but the buildings with their fine industrial architecture of 1900, are being transformed into a gastronomic, cultural and leisure centre that should be completed in 2007. When completed it will give new life to this district and serve as a link between Grund, Clausen and the upper city. All these old artifacts that were kept, thanks to a desire to preserve the site, will be integrated into the new elements of the restoration.

De stoommachines van de **oude brouwerij Mousel**, die dateren uit 1903 en 1927, werkten nog tot op het einde van de jaren veertig. Ze worden bewaard op hun oorspronkelijke plek op de eerste verdieping van een gebouw dat speciaal voor ze werd opgetrokken.

Ook de oude koperen brouwkuipen uit de vijftiger jaren zijn nog te zien. Ze dienden nog tot een einde kwam aan de productie op deze lokatie. De productie werd definitief overgeheveld naar Diekirch in 2000, maar voor de gebouwen met hun mooie industriële architectuur van 1900, loopt momenteel een project om ze te herwaarderen als gastronomisch, cultureel en recreatief trefpunt. Het hele project zou moeten aflopen in 2007 en zal nieuw leven blazen in deze wijk die als scharnier dient tussen Grund, Clausen en de bovenstad. Al deze oude getuigenissen, die we gelukkig nog kunnen koesteren dankzij een streven om de site in stand te houden, worden ingevoegd in de nieuwe restauratiestructuren.

La mise en service en 1859 de la ligne de chemin de fer vers Paris et Bruxelles signifiait la fin de l'isolement de Luxembourg. La liaison avec Liège fut inaugurée en 1867, année du Traité de Londres qui décréta le démantèlement de la forteresse. Jusqu'alors, à cause de l'interdiction de construire en dur aux alentours de la forteresse, les bâtiments de la gare étaient en bois.

La **gare** fut construite par des architectes allemands de 1907 à 1913; l'administration des chemins de fer luxembourgeois était alors sous la tutelle de la compagnie allemande Alsace-Lorraine. La gare – dont le beffroi n'est pas sans rappeler une église baroque – contraste avec la beauté fonctionnelle des rotondes qui datent, elles, de 1874. L'une d'elles vient d'être restaurée et accueille désormais des manifestations culturelles.

Die Inbetriebnahme der Eisenbahnlinie nach Paris und Brüssel 1859 bedeutete das Ende der Isolierung Luxemburgs. Die Verbindung nach Lüttich wurde 1867 eingeweiht, in demselben Jahr, in dem der Londoner Vertrag geschlossen wurde, der die Schleifung der Festung vorsah. Bis zu diesem Zeitpunkt bestanden die Bahnhofsgebäude aufgrund des Verbots, in der Umgebung der Festung Steinbauten zu errichten, aus Holz.

Der **Bahnhof** wurde von 1907 bis 1913 von deutschen Architekten gebaut, da die Verwaltung der luxemburgischen Eisenbahnen damals unter der Aufsicht der deutschen Elsass-Lothringen-Gesellschaft stand. Der Bahnhof – dessen Turm an eine barocke Kirche erinnert – kontrastiert mit der funktionellen Schönheit der Rundbauten, die aus dem Jahr 1874 stammen. Eines von ihnen wurde kürzlich restauriert und ist nun Schauplatz kultureller Veranstaltungen.

The introduction of the railway towards Paris and Brussels in 1859 ended the isolation of Luxembourg. The line to Liege was inaugurated in 1867, the year that the Treaty of London decreed the demolition of the fortress. Until then, because of the ban on durable construction around the fortress, the station buildings were in wood.

The **railway station** was built by German architects between 1907 and 1913. At that time the direction of the Luxembourg railways was under control of the German Company of Alsace-Lorraine. The station, with its belfry similar to that of a baroque church, contrasts with the functional beauty of the roundhouses, dating from 1874. One of them has been restored and is now a cultural centre.

De ingebruikname van de spoorlijn naar Parijs en Brussel in 1859 doorbrak het isolement van Luxemburg. De verbinding met Luik werd ingehuldigd in 1867, het jaar van het Verdrag van Londen, dat de ontmanteling van het fort afkondigde. Tot dan waren de stationsgebouwen van hout, wegens het verbod om in steen te bouwen rond het fort.

Het **station** werd gebouwd door Duitse architecten van 1907 tot 1913. Het bestuur van de Luxemburgse spoorwegen stond dan onder de voogdij van de Duitse maatschappij Alsace-Lorraine. Het station – waarvan het belfort iets weg heeft van een barokkerk – staat in contrast met de functionele schoonheid van de rotondes die uit 1874 dateren. Eén ervan werd onlangs gerestaureerd en er vinden voortaan culturele manifestaties plaats.

CASINO SYNDICAL

Ci-dessous
La **place de Paris**, à l'extrémité sud du plateau Bourbon, est considérée comme le portail d'entrée de l'avenue de la Liberté, l'avenue la plus «parisienne» de la ville.
Page de droite
Le point de vue de la tour de la Caisse d'Épargne permet d'apprécier la majesté de l'**avenue de la Liberté**. Reliant la gare au pont Adolphe, elle est bordée de bâtiments conçus comme immeubles de rapport et de commerce, maisons particulières, appartement et hôtels; ils sont aujourd'hui occupés par des sociétés, banques et autres administrations. La brève période de construction, de 1907 aux années vingt, le choix restreint des architectes, la même hauteur des bâtiments, l'importance des toitures d'ardoise et l'appareil en pierre de taille confèrent à l'ensemble une grande homogénéité. Elle est restée plus ou moins intacte, du moins en façade, fait exceptionnel dans ce paradis des promoteurs immobiliers qu'est devenu Luxembourg.

Unten
Die **Place de Paris** am südlichen Ende des Bourbon-Plateaus wird als Pforte zur Avenue de la Liberté, der „pariserischsten" Straßen der Stadt betrachtet.
Rechte Seite
Vom Aussichtspunkt des Turms der Sparkasse kann man den majestätischen Charakter der **Avenue de la Liberté** bewundern. Die vom Bahnhof zur Adolf-Brücke führende Straße ist mit Gebäuden gesäumt, die als Miets- und Geschäftsgebäude, Ein- und Mehrfamilienhäuser sowie Hotels errichtet wurden. Heute werden sie von Unternehmen, Banken und Behörden genutzt. Die kurze Bauzeit, von 1907 bis in die 20er Jahre, die geringe Zahl an Architekten, die einheitliche Höhe der Gebäude, die Größe der Schieferdächer und das Mauerwerk aus Quadersteinen verleihen dem Ganzen eine große Einheitlichkeit. Diese ist – zumindest in Bezug auf die Fassade – mehr oder weniger erhalten geblieben, was in dem Paradies für Bauträger, das Luxemburg geworden ist, außergewöhnlich ist.

Below
The **Place de Paris** at the far south of the Bourbon plateau is the entry of the Avenue de la Liberté, the most "Parisian" avenue of the city.
Page right
The majesty of the **Avenue de la Liberté** can be fully appreciated by the view from the Savings Bank tower. It links the railway station to the Adolphe Bridge and is lined with investment properties and commercial buildings, private houses, apartment buildings and hotels that are now occupied by companies, banks and other societies. During the short period of construction running from 1907 to the 1920's, the restricted choice of architects, the uniform height of the buildings, the slate roofs and cladding in dressed stone produced a homogenous ensemble. It has remained more or less intact, at least on the façades, quite an exception in a Luxembourg that has become a paradise for property developers.

Hierbeneden
De **place de Paris**, in het uiterste zuiden van het plateau Bourbon, wordt beschouwd als de toegangspoort van de avenue de la Liberté, de meest « Parijse » laan van de stad.
Pagina rechts
Het uitkijkpunt van de toren van de Staatsspaarbank geeft een goed beeld van de vorstelijke uitstraling van de **avenue de la Liberté**. Ze verbindt het station met de Adolphe brug en is omzoomd door gebouwen die werden ontworpen als opbrengst- en handelshuizen, privé-woningen, flatgebouwen en hotels; ze zijn vandaag ingenomen door bedrijven, banken en andere administraties. De korte bouwperiode, van 1907 tot de jaren twintig, de beperkte keuze aan architecten, dezelfde bouwhoogte, de hoge leiendaken en de houwstenen maken het geheel erg homogeen. Het bleef min of meer onaangeroerd, althans aan de gevel, wat uitzonderlijk is in dit paradijs van vastgoedpromotoren dat Luxemburg geworden is.

Ci-dessous

Le **siège social de l'A.R.B.E.D.** – aujourd'hui Arcelor – est une manifestation du pouvoir de l'industrie sidérurgique luxembourgeoise, dont l'A.R.B.E.D. était de loin le plus éminent représentant. Le majestueux bâtiment déploie ses quatre ailes entre l'avenue de la Liberté et le boulevard de la Pétrusse. Il n'a été construit qu'en 1920-1922 sur un emplacement initialement prévu pour le musée national ou le palais de Justice. Son architecture s'inspire des châteaux français du XVIIIe siècle.

Page de droite

Alors qu'à l'étranger l'Art Nouveau triomphe, l'architecture de style historiciste évoquant richesse et réussite bat ici son plein. Les maisons **n° 5 à 9 de l'avenue de la Liberté**, réalisées en 1907 par un seul architecte, Jean-Pierre König, furent construites au tout début de l'aménagement du plateau Bourbon. Contrairement aux autres maisons de l'avenue, des immeubles de rapport, il s'agit ici d'hôtels de maître, prisés à cette époque par la bourgeoisie de profession libérale. Il est d'autant plus regrettable qu'elles se retrouvent aujourd'hui englobées dans le siège de la Caisse d'Épargne.

Unten

Der **Gesellschaftssitz der A.R.B.E.D.** – heute der Arcelor – ist eine Demonstration der Macht der luxemburgischen Eisen- und Stahlindustrie, deren mit Abstand größter Vertreter die A.R.B.E.D. ist. Das majestätische Gebäude entbreitet seine vier Flügel zwischen Avenue de la Liberté und Boulevard de la Pétrusse. Es wurde erst 1920-1922 errichtet, und zwar auf einem Gelände, das zunächst für das nationale Museum oder den Justizpalast vorgesehen war. Die Architekten nahmen die französischen Schlösser des 18. Jahrhunderts zum Vorbild.

Rechte Seite

Während im Ausland der Jugendstil Trumpf ist, erlebt hier die Architektur historistischen Stils, die Reichtum und Erfolg zum Ausdruck bringt, ihren Höhepunkt. Die 1907 von einem einzigen Architekten, Jean-Pierre König, geschaffenen Häuser der **Avenue de la Liberté Nr. 5 bis 9** wurden ganz zu Anfang der Anlage des Bourbon-Plateaus errichtet. Im Gegensatz zu den übrigen Häusern der Avenue, die Mietgebäude sind, handelt es sich hier um Herrenhäuser, die zu jener Zeit von dem in freien Berufen tätigen Bürgertum geschätzt wurden. Um so bedauerlicher ist es, dass sie heute in den Sitz der Sparkasse integriert worden sind.

Below

The **headquarters of ARBED**, a combination of steel mills now known as Arcelor, shows how powerful the Luxembourg iron industry was, and ARBED was far from being the most important in the sector. The majestic building spreads out its four wings between the Avenue de la Liberté and the Boulevard de la Pétrusse. It was only built in 1920-1922, in a style inspired by 18th century French châteaux, on a site that had been destined for either a national museum or the Law Courts.

Page right

Even though Art Nouveau was all the rage elsewhere, in Luxembourg historicized architecture, displaying wealth and success, was the fashion. The houses from **5 to 9 on the Avenue de la Liberté** were all built by the architect Jean-Pierre König at the beginning of the development of the Bourbon plateau in 1907. Unlike other houses on the avenue that were investment properties, these are private mansions, much sought after by the members of the liberal professions at that time. It is a pity that the headquarters of the Savings Bank now surrounds them.

Hieronder

De **maatschappelijke zetel van A.R.B.E.D.** – nu Arcelor – geeft weerklank aan de macht van de Luxemburgse metaalverwerkende industrie, waarvan A.R.B.E.D. veruit de meest eminente vertegenwoordiger was. Het imposante gebouw ontvouwt zijn vier vleugels tussen de avenue de la Liberté en de boulevard de la Pétrusse. Het werd pas gebouwd in 1920-1922 op een lokatie die oorspronkelijk bedoeld was voor het rijksmuseum of voor het Justitiepaleis. De architectuur is geïnspireerd op de Franse kastelen uit de 18de eeuw.

Pagina rechts

Terwijl in het buitenland de Art Nouveau zegeviert, draait hier vooral de architectuur in een historistische stijl, waaruit rijkdom en succes spreekt, op volle toeren. De huizen aan de **nrs. 5 tot 9 van de avenue de la Liberté**, die in 1907 werden verwezenlijkt door dezelfde architect, Jean-Pierre König, werden opgetrokken toen de aanleg van het plateau Bourbon van start ging. In tegenstelling tot de andere huizen van de laan, vooral opbrengsthuizen, gaat het hier om meesterwoningen die in die tijd erg in trek waren bij de burgerij van de vrije beroepen. Het valt des te meer te betreuren dat ze nu ingevoegd zijn in de zetel van de Spaarbank.

CC

Page de gauche

La fièvre urbanistique s'était aussi emparée des axes secondaires du plateau Bourbon. La jolie **Villa Clivio** construite en 1908 par un entrepreneur en béton émigré d'Italie, Cesare Clivio, tranche sur le style bourgeois historiciste des autres maisons de la **rue Goethe** *(photo ci-dessus)*. Ce joyau de l'Art Nouveau, d'un style léger qui n'a pas laissé beaucoup de traces au Luxembourg, était autrefois isolé et mis en valeur par une terrasse et un jardin.

En bas

Le **boulevard de la Pétrusse** présente une enfilade de maisons avec leurs tourelles, frontons, balcons typiques du début du XXe siècle. La décoration de la façade de la maison d'angle avec la rue Michel Rodange, construite en 1911, puise dans le répertoire du gothique.

Linke Seite

Das Städtebaufieber hatte auch die Nebenachsen des Bourbon-Plateaus erfasst. Die schöne **Villa Clivio**, die 1908 von dem aus Italien eingewanderten Betonunternehmer Cesare Clivio errichtet worden ist, hebt sich vom historistischen bürgerlichen Stil der übrigen Häuser der **rue Goethe** ab *(Foto oben)*. Dieses Jugendstil-Juwel eines leichten Stils, der in Luxemburg nicht viele Spuren hinterlassen hat, stand früher frei und besaß Terrasse und Garten.

Unten

Der **Boulevard de la Pétrusse** stellt eine Flucht von Häusern mit Türmchen, Giebeln und typischen Balkons aus dem Anfang des 20. Jahrhunderts dar. Der Schmuck der Fassade des 1911 errichteten Hauses an der Ecke Rue Michel Rodange schöpft aus dem Repertoire der Gotik.

Page left

Building fever also struck the lesser streets of the Bourbon Plateau. Cesare Clivio, an Italian immigrant and building contractor built the pretty **Villa Clivio** in 1908. It contrasts with the other historicized houses of **Rue Goethe** *(photo above)*. This jewel of Art Nouveau, a gracious style that has few examples in Luxembourg, once sat on a terrace in its own garden.

Right

The **Boulevard de la Pétrusse** is lined with a series of houses with turrets, pediments and balconies typical of the early 20th century. The façade of the house on the corner of Rue Michel Rodange, built in 1911, draws on the Gothic repertoire.

Pagina links

De koortsachtige stedenbouw nam ook de secundaire assen van het plateau Bourbon in beslag. De mooie **Villa Clivio** die in 1908 werd opgetrokken door een aannemer in beton die uit Italië emigreerde, Cesare Clivio, steekt af tegen de historistische stijl van de andere huizen aan de **rue Goethe** *(foto hierboven)*. Deze parel van de Art Nouveau, in een luchtige stijl die verder niet veel sporen naliet in Luxemburg, stond vroeger los en is verfraaid met een terras en een tuin.

Hiertegenover

De **boulevard de la Pétrusse** is een rijgsnoer van huizen met torentjes, frontons, typische balkons van begin de twintigste eeuw. De versiering van de gevel van het huis op de hoek met de rue Michel Rodange, uit 1911, put uit het gotisch register.

Inauguré en 1903, le **pont Grand-Duc Adolphe («Nei Brëck»)**, établissant la jonction directe entre la vieille ville et le plateau Bourbon, a rendu possible l'urbanisation de ce dernier. D'une grande élégance, son arche centrale en maçonnerie de 84 mètres de portée s'élance au-dessus de la vallée de la Pétrusse à 43 mètres de hauteur.

La tour de la Caisse d'Épargne de l'État rappelle le beffroi des hôtels de ville gothique et renaissance. Pièce maîtresse de l'historicisme luxembourgeois, l'édifice est souvent confondu par les touristes avec le palais grand-ducal.

Die 1903 eingeweihte **Adolfs-Brücke („Nei Brëck")**, die die Altstadt mit dem Plateau Bourbon verbindet, hat seine Urbanisierung erst möglich gemacht. Ihr sehr eleganter zentraler Mauerwerk-Bogen mit einer Spannweite von 84 Metern erhebt sich in 43 Metern Höhe über dem Petruss-Tal.

Der Turm der „Spuerkees" (Staatssparkasse) erinnert an den Turm der Gotik- und Renaissance-Rathäuser. Das Meisterwerk des luxemburgischen Historizismus wird von Touristen häufig mit dem großherzoglichen Palast verwechselt.

The **Grand Duke Adolph Bridge**, inaugurated in 1903, established a link between the old city and the Bourbon plateau, making possible development of the latter. The central arch in masonry of this elegant bridge has a span of 84 metres and stands 43 metres above the valley of the Pétrusse.

The tower of the State Savings Bank recalls the belfries of the Gothic and Renaissance town halls. A key element in Luxembourg historicism, the building is often mistaken by tourists for the Grand Ducal palace.

De brug van Groothertog Adolphe, die de oude stad aansluit op het plateau Bourbon, werd ingehuldigd in 1903 en verbindt de oude stad rechtstreeks met het plateau Bourbon, wat de verstedelijking van dit laatste mogelijk maakte. De brug oogt zeer elegant, met zijn centrale boog van metselwerk met een spanwijdte van 84 meter, 43 meter hoog boven de vallei van de Pétrusse.

De toren van de Staatsspaarbank herinnert aan het belfort van de stadhuizen in gotische en renaissancestijl. Dit bouwwerk is een meesterstuk van het Luxemburgse historisme en toeristen verwarren het vaak met het groothertogelijk paleis.

11 KAIFFER 11

◄ La **Grand-Rue** conserve quelques intéressantes constructions «1900». Le bâtiment Rosenstiel (*à gauche*), ouvert le 22 février 1887, est l'une des rares constructions de Luxembourg dans la structure est constituée entièrement en fer, alors en vogue notamment en France à l'époque de la construction de la Tour Eiffel. Il fut modifié et agrandi en 1968 et transformé en centre commercial en 1998.

La boucherie Kaiffer (1917, *à droite*), par l'architecte Jentgen, présente quant à elle une façade entièrement couverte de carreaux de faïence Villeroy et Boch, comme il est fièrement inscrit dans un cartouche.

Auf der **Grand-Rue** befinden sich einige interessante Bauten aus der Zeit um 1900. Das Centre Rosenstiel (*links*), das am 22. Februar 1887 eröffnet wurde, gehört zu den wenigen Gebäuden Luxemburgs, deren Struktur ausschließlich aus Eisen besteht, was in der Epoche der Errichtung des Eiffel-Turms insbesondere in Frankreich modern war. Das Gebäude wurde 1968 vergrößert und 1998 in ein Einkaufszentrum umgebaut.

Die von Architekt Jentgen entworfene Metzgerei Kaiffer (1917, *rechts*) besitzt eine ganz mit Kacheln von Villeroy und Boch verzierte Fassade, wie in einer Kartusche stolz verkündet wird.

The **Grand-Rue** still has several interesting buildings in the 1900 style. The Rosenstiel building *(left)* that opened on February 22, 1887, is one of the few built in Luxembourg that has a framework completely in iron as was then fashionable in France, due to admiration of the Eiffel Tower. It was remodeled and enlarged in 1968 to be used as a shopping centre.

The Kaiffer butcher shop of 1917 *(right)*, designed by the architect Jentgen, has a façade completely faced with earthenware tiles made by Villeroy and Boch, as stated in the cartouche.

In de **Grand-Rue** zijn nog enkele boeiende "1900" constructies te zien. Het gebouw Rosenstiel *(links)*, dat op 22 februari 1887 de deuren opende, heeft een volledig ijzeren structuur, een zeldzaamheid in Luxemburg. Dit was vooral in Frankrijk erg in de mode na de bouw van de Eiffeltoren. Het werd in 1968 veranderd en vergroot en in 1998 omgevormd tot winkelcentrum.

De slagerij Kaiffer (1917, *rechts*), van architect Jentgen, heeft dan weer een gevel die helemaal bedekt is met faciencetegels van Villeroy et Boch, zoals het opschrift in een cartouche trots vermeldt.

À gauche et page suivante

La **place d'Armes** a connu ses premières constructions vers 1671. De 1815 à 1867, la *Commandantur*, la résidence du général commandant la forteresse, s'y trouvait. Mais ce qui la caractérisa au XIXe siècle fut le corps de garde installé à l'endroit où se trouve le Cercle municipal (1906-1909) actuel dont les salles de fêtes, les entrées et salons multiples devaient être le lieu privilégié pour l'organisation de grandes réceptions, de bals, d'expositions et de conférences dignes d'une capitale.

Links und nächste Seite

Die ersten Gebäude auf der **Place d'Armes** (Waffenplatz) stammen aus dem Jahre 1671. Von 1815 bis 1867 befand sich dort die Commandantur, die Residenz des Generalkommandanten der Festung. Aber was sie im 19. Jh. prägte, war die Wache, die ihren Standort an der Stelle hatte, wo sich heute der Cercle municipal befindet (1906-1909). Seine Festsäle, seine vielen Eingänge und Salons sollten zum bevorzugten Ort für die Ausrichtung großer Empfänge, Bälle, Ausstellungen und Konferenzen, die einer Hauptstadt würdig sind, werden.

Above and next page

The **Place d'Armes** received its first buildings around 1671. From 1815 to 1867 the *Commandantur*, residence of the General commanding the fortress was situated here. In the 19th century the Guards occupied the place where the Municipal Circle (1906-1909) now stands. Their vestibules, reception room and many salons made it the ideal spot to organize large receptions, balls, exhibitions, meetings and other events of note in the capital.

Hierboven en volgende pagina

Op de **place d'Armes** verschenen de eerste constructies omstreeks 1671. Van 1815 tot 1867 bevond zich hier de *Commandantur*, de residentie van de generaal-bevelhebber van het fort. Maar wat het plein in de 19de eeuw vooral kenmerkte, was de hoofdwacht die gevestigd was op de plaats waar de *Cercle Municipal* gelegen is (1906-1909). Zijn feestzalen, vele ingangen en salons moesten het kader bij uitstek zijn voor de organisatie van grote recepties, bals, tentoonstellingen en conferenties, een hoofdstad waardig.

Les pharmacies d'autrefois présentent souvent des façades très soignées. En 1896, l'ancienne pharmacie située rue de la Boucherie 4, dénommée auparavant «**Le Cygne**», fut ornée d'un joli ensemble de majoliques Art-Nouveau de Villeroy & Boch représentant des cygnes parmi des entrelacs floraux.

La pharmacie «Au Pélican», fondée en 1793, est située à l'angle de la Grand-Rue et la rue Génistre – placette surnommée «**de Rouden Pëtz**» ***(le Puits Rouge)***. L'immeuble fut restauré à la fin du XIXe siècle et doté d'une façade historisante; récemment réaffecté, il connut hélas une rénovation lourde. À l'avant-plan, la fontaine populaire de Will Lofy, «*Hämmelsmarch*» (1982), rappelle l'emplacement du puits principal de la ville, qui donna son nom à l'endroit.

Die früheren Apotheken zeichnen sich durch sehr gepflegte Fassaden aus. 1896 wurde die ehemalige Apotheke in der rue de la Boucherie 4, die zuvor ‚**Le Cygne**' (Schwan) genannt wurde, mit einem schönen Ensemble von Jugendstil-Majoliken von Villeroy & Boch geschmückt. die Schwäne in floralem Flechtwerk darstellen.

Die 1793 gegründete Apotheke „Au Pélican" (Zum Pelikan) liegt an der Ecke Grand-Rue / rue Génistre – einem kleinen Platz mit dem Beinamen **„de Rouden Pëtz"** (Roter Brunnen). Das Gebäude wird Ende des 19. Jahrhunderts restauriert und mit einer historisierenden Fassade versehen. Das vor kurzem wieder verwendete Gebäude wurde leider völlig entkernt. Der Volksbrunnen im Vordergrund von Will Lofy mit Namen *"Hämmelsmarch"* (1982) erinnert an den Standort des Hauptbrunnens der Stadt, der dem Ort seinen Namen gab.

The pharmacies of yesteryear often displayed very elegant façades. The former pharmacy on the rue de la Boucherie, once called '**The Swan**', was decorated in 1896 with a pretty ensemble of Art Nouveau majolica tiles depicting swans with floral tracery made by Villeroy & Boch.

The pharmacy called "At the Pelican", founded in 1793 stands on the corner of the Grand-Rue and rue Génistre on a tiny square nicknamed '**le Puits Rouge**' or "the Red Well". The building was restored at the end of the 19th century and given a historicized façade. It has recently been renovated with a heavy hand. In the foreground the *"Hämmelsmarch"* fountain by Will Lofy (1982) commemorates the site of the principal well of the city that gave its name to this site.

De apotheken van toen hebben vaak zeer verzorgde gevels. In 1896 was de vroegere apotheek aan de rue de la Boucherie 4, vroeger '**De zwaan**' genaamd, versierd met een mooi geheel van Art-Nouveau majolica's van Villeroy & Boch, die zwanen tussen bloemenslingers voorstellen.

De apotheek «Au Pélican», die in 1793 werd opgericht, is gelegen op de hoek van de Grand-Rue en de rue Génistre, op een pleintje dat '**le Puits Rouge**' (de rode put) heet. Het gebouw werd eind de 19de eeuw gerestaureerd en bedacht met een historiserende gevel ; maar het kreeg onlangs een nieuwe bestemming en onderging helaas een zware renovatie. Op de achtergrond is de populaire fontein van Will Lofy, *"Hämmelsmarch"* (1982) te zien, die eraan herinnert dat zich hier de hoofdput van de stad bevond, waarnaar de plek genoemd is.

Quel visage pour le XXIe siècle ?

Welches Gesicht im 21. Jahrhundert?

Si le Kirchberg et le boulevard Royal ont connu une modernisation effrénée et souvent sauvage depuis les années 1970, nous constatons un certain renouveau et une meilleure organisation de l'espace depuis les années 1990. L'architecture des immeubles bancaires devient aussi moins anonyme et favorise le côté esthétique. Et la vieille ville a connu une vraie effervescence de musées dont la renovation-reconstruction associe, dans la mesure du possible, l'ancien avec le moderne.

Während der Kirchberg und der Boulevard Royal seit den 70er Jahren eine zügellose und häufig ungeordnete Modernisierung erlebt haben, stellen wir seit den 90er Jahren einen gewissen Neuanfang und eine bessere Organisation des Raums fest. Auch die Architektur der Bankgebäude wird weniger anonym und trägt dem ästhetischen Aspekt Rechnung. Die Altstadt hat eine regelechte Dynamik im Bereich der Museen entwickelt, bei deren Renovierung/Wiederaufbau im Rahmen des Möglichen das Alte mit dem Modernen verbunden wird

What will be the face of the 21st century ?
Welk gezicht voor de 21ste eeuw ?

Even though Kirchberg and the Royal Boulevard have suffered from frantic and sometimes even brutal development since the 1970's, a new approach and a better organization of space has been underway since the 1990's. Designs for the bank buildings have become less nondescript and more aesthetic. In the old city there has been a burgeoning of museums where renovations and rebuilding blend, as much as possible, the old with the new.

Het stadsdeel Kirchberg en de boulevard Royal werden vanaf de jaren zeventig verwoed en soms in het wilde weg gemoderniseerd, maar sinds de negentiger jaren is de heropleving beter en doelgerichter georganiseerd. De architectuur van de bankgebouwen wordt minder anoniem en er is meer oog voor het esthetisch aspect. En in de oude stad verrijzen allerlei musea waarvan de renovatie-heropbouw, zoveel mogelijk, oud aan modern koppelt.

Place du Marché-aux-Poissons, le **Musée national d'Histoire et d'Art** *(à droite sur la photo)*, reconstruit de 1999 à 2002, est un exemple d'intégration d'architecture contemporaine dans le tissu de la vieille ville. Initié par le Fonds de rénovation de la Vieille Ville, le bâtiment de Christian Bauer fait contraster une façade de pierre blanche – du *giallo d'Istria* de Croatie – lisse et rigoureusement moderne aux maisons du XVIIIe siècle qui l'environnent.

Afin d'agrandir la surface d'exposition aussi discrètement que possible, la place fut creusée sur quatre étages accueillant les collections archéologiques. La pièce phare est la mosaïque polychrome gallo-romaine de la fin du IIe siècle découverte en 1995 à Vichten dans l'ouest du pays, représentant Homère et les neuf muses.

Auf dem Fischmarkt ist das von 1999 bis 2002 neu aufgebaute **Nationale Museum für Geschichte und Kunst** *(rechts auf dem Foto)* ein Beispiel für die Integration zeitgenössischer Architektur in das Altstadt-Geflecht. Das vom Altstadtrenovierungsfonds initiierte Gebäude von Christian Bauer schafft einen Kontrast zwischen seiner glatten und durch und durch modernen Fassade aus weißem Stein – *giallo d'Istria* aus Kroatien – und den umliegenden Häusern aus dem 18. Jahrhundert. Um die Ausstellungsfläche so diskret wie möglich zu vergrößern, wurde der Platz auf vier Stockwerke ausgehoben, die die archäologischen Sammlungen beherbergen. Das schönste Stück ist das mehrfarbige gallorömische Mosaik aus dem Ende des 2. Jahrhunderts, welches Homer und die neun Musen darstellt. Es wurde 1995 in Vichten im Westen des Landes gefunden.

The **National Museum of History and Art** on the Place du Marché-aux-Poissons *(to the right of the photo)* was rebuilt from 1999 to 2002 and is a fine example of the integration of contemporary architecture into the fabric of the old city. The building by Christian Bauer, commissioned by the Renovation of the Old City Fund, contrasts the smooth, modernist façade in white stone – the *'giallo d'Istria'* from Croatia – with the surrounding 18th century houses.

In order to increase the display space as discreetly as possible, the square was excavated for four stories deep to house the archaeological collections. The jewel of the collection is the polychrome Gallo-Roman mosaic from the end of the 2nd century representing Homer and the nine Muses, found in 1995 in Vichten in the west of the country.

Place du Marché-aux-Poissons, het **Nationaal Museum van Geschiedenis en Kunst** *(rechts op de foto)*, dat van 1999 tot 2002 herbouwd werd, is een voorbeeld van de integratie van de hedendaagse architectuur in het weefsel van de oude stad. Het gebouw van Christian Bauer werd gerenoveerd op aanzet van het Renovatiefonds van de Oude Stad, en zorgt voor een contrast tussen de gladde en door en door moderne witte gevelsteen – «*giallo d'Istria'*» uit Kroatië – en de 18de-eeuwse huizen rondom.

Om de tentoonstellingsruimte zo discreet mogelijk te vergroten, werd het plein over vier verdiepingen uitgegraven voor de archeologische collecties. Het pronkstuk is het gallo-romeinse mozaïek van eind de tweede eeuw, dat in 1995 werd ontdekt in Vichten, in het westen van het land, en Homerus en de negen muzen voorstelt.

Premier grand projet d'aménagement de musée à Luxembourg, le **Musée d'Histoire de la Ville** a ouvert ses portes en 1996.

Il occupe un groupe de maisons nobiliaires de la rue du Saint-Esprit, dont la principale est l'ancien refuge de l'abbaye d'Orval qui y était établi depuis 1732 et fut sécularisé en 1796. L'ensemble abrita à partir de 1902 l'ancien Conservatoire de musique.

La substance intérieure des bâtiments historiques fut largement vidée pour être ensuite reconstruite, la cour du refuge transformée en spacieuse verrière. Trois niveaux d'exposition habillés en bois d'érable s'ouvrent sur la cour intérieure du musée, sorte de puits de lumière qui accentue la verticalité des volumes. Si le troisième niveau, avec sa cave voûtée, fait encore partie des anciens bâtiments, les autres sont creusés dans la roche – 20 000 m³ en furent extraits – afin d'agrandir la surface d'exposition.

Als erstes großes Projekt zur Einrichtung eines Museums in Luxemburg wurde das **Historische Museum der Stadt** 1996 eröffnet.

Es ist in einer Gruppe von Patrizierhäusern der rue du Saint-Esprit untergebracht. Haupthaus ist das ehemalige Refugium der Abtei von Orval, die dort seit 1732 niedergelassen war und 1796 säkularisiert wurde. Die Häusergruppe beherbergte ab 1902 das ehemalige Musikkonservatorium.

Die innere Bausubstanz der historischen Gebäude wurde in großen Teilen entfernt, um anschließend wieder aufgebaut zu werden, wobei der Hof des Refugiums mit einem geräumigen Glasdach überdacht wurde. Zum Innenhof des Museums, einer Art Lichtschacht, der die Vertikalität der Räume betont, öffnen sich drei mit Ahornholz ausgekleidete Ausstellungsebenen. Während die dritte Ebene mit ihrem gewölbten Keller noch Teil der alten Gebäude ist, wurden die übrigen in den Fels gegraben – es wurden 20 000 m³ ausgeschachtet – um die Ausstellungsfläche zu vergrößern.

The first grand museum project in Luxembourg was the fitting out of the **City History Museum** that opened in 1996.

The museum occupies a group of patrician houses on the rue du Saint Esprit, of which the most notable is the former refuge of the Abbey of Orval that occupied it from 1732 until it was secularized in 1796. It housed the old Conservatory of Music after 1902.

The interior fittings of the historic buildings were mostly removed, to be reinstalled later, and the courtyard of the refuge was transformed into a spacious glassed over area. Three exhibition levels sheathed in maple open on the interior courtyard of the museum, a sort of light shaft, accenting the verticality of the architecture. Though the third level, which is vaulted, was once the cellar of the old buildings, the other two were excavated from the rock – 20,000 cubic meters were removed – to enlarge the exhibition area.

Het eerste grote project voor de inrichting van een museum in Luxemburg betrof het **Geschiedkundig Museum van de Stad** dat in 1996 de deuren opende.

Het betrekt een groep van adellijke huizen in de rue du Saint-Esprit, waarvan het belangrijkste de vroegere refuge van de abdij van Orval is die er sinds 1732 was gevestigd en in 1796 werd geseculariseerd. Het ensemble huisvestte vanaf 1902 het vroegere Muziekconservatorium.

De historische gebouwen werden binnenin grotendeels leeggehaald om vervolgens weer heropgebouwd te worden, waarbij de binnenplaats van de refuge tot een grote glazen ruimte werd omgebouwd. Op de binnenplaats van het museum kijken drie verdiepingen tentoonstellingsruimte van esdoornhout uit, een soort van bron van licht, die de verticale vormgeving van de volumes beklemtoont. Het derde niveau, met zijn gewelfde kelder, behoort nog tot de oude gebouwen, maar de andere werden in de rots gehouwen – 20 000 m³ werd eraan onttrokken – om de tentoonstellingsruimte te vergroten.

Page de gauche
Autre structure culturelle d'envergure, le **Grand Théâtre de la Ville de Luxembourg** a rouvert ses portes en 2003. Des années d'une longue et douloureuse opération de rénovation ont hissé ce théâtre parmi les plus modernes d'Europe. Construit à l'emplacement de l'ancien fort Charles (1746), le bâtiment de 1964 cache derrière une façade rigide deux salles accueillantes de 450 et 960 places.
Ci-dessus
Constitué d'un cube en pierre de Chassagne beige percé de nombreuses fenêtres carrées qui semble s'enfoncer dans une ellipse vitrée, en forme de proue de navire légèrement inclinée, la Banque de Luxembourg fait partie des rares réussites architecturales du **boulevard Royal**, marqué à la fin du XIXe siècle par les villas avec jardin de la bourgeoisie. L'expansion des banques à partir des années 1970 mit un terme au caractère résidentiel du quartier: les villas furent rasées et on leur substitua de hautes façades grises et anonymes.

Linke Seite
Eine andere bedeutende kulturelle Einrichtung ist das 2003 neu eröffnete **Grand Théâtre de la Ville de Luxembourg.** Eine sich jahrelang hinziehende Renovierung hat dieses Theater zu einem der modernsten Europas gemacht. Das an der Stelle des ehemaligen Forts Charles (1746) errichtete Gebäude von 1964 verbirgt hinter einer strengen Fassade zwei einladende Säle mit 450 bzw. 960 Plätzen.
Unten
Das Gebäude der Bank von Luxembourg besteht aus einem Würfel aus beigefarbenem Chassagne-Stein, der in einer verglasten Ellipse in Form eines leicht geneigten Schiffsbugs zu versinken scheint. Es zählt zu den wenigen architektonischen Erfolgen des **Boulevard Royal**, der am Ende des 19. Jh. durch Villen des Bürgertums mit Gärten geprägt war. Die Expansion der Banken ab den 70er Jahren setzte dem Wohncharakter des Viertels ein Ende: Die Villen wurden abgerissen und durch hohe graue, anonyme Fassaden ersetzt.

Page left
Another important cultural building, the **Grand Theatre of the City of Luxembourg** reopened its door in 2003. After many years of a long and painstaking period of renovation the theatre is now one of the most modern in Europe. The building dating from 1964 was constructed on the former site of Fort Charles (1746) and offers two halls seating 450 and 960 spectators behind its austere façade.
Above
The cubiform building of the Bank of Luxembourg in beige Chassagne stone seem to form a glass ellipse such as that of the slightly tilted prow of a ship. It is one the few architectural successes of the **Boulevard Royal** that was lined with the villas and gardens of the burghers at the end of the 19th century. The implantation of the banking sector from the 1970's on put an end to the residential character of the district. The villas were demolished and replaced with tall, gray and nondescript structures.

Pagina links
Nog een structuur van formaat is de **grote schouwburg van de stad Luxemburg**, die zijn deuren weer opende in 2003. Daaraan gingen vele jaren van een pijnlijke renovatie vooraf maar nu behoort deze schouwburg tot de modernste van Europa. Het gebouw uit 1964 werd opgetrokken waar het oude fort Charles (1746) stond en verbergt achter een strenge gevel twee gezellige zalen van 450 en 960 zitplaatsen.
Hierboven
Het gebouw van de Banque de Luxembourg bestaat uit een kubus van beige Chassagne-steen lijkt zich in een beglaasde ellips te storten in de vorm van een ietwat hellend schip. Het maakt deel uit van de zeldzame architecturale successen van de **boulevard Royal**, waar op het einde van de 19de eeuw vooral de villa's met tuin van de burgerij stonden. De expansie van de banken vanaf de jaren zeventig maakte een einde aan het residentieel karakter van de wijk : de villa's werden neergehaald en er kwamen grijze en nietszeggende gevels voor in de plaats.

La **Salle de concerts Grande-Duchesse Joséphine-Charlotte**, résidence de l'Orchestre Philharmonique du Luxembourg, a été conçue par l'architecte parisien Christian de Portzamparc en collaboration avec l'acousticien Albert Yaying Xu. Le bâtiment elliptique se trouve au cœur de la place de l'Europe dont la nouvelle conception urbanistique a été définie par Ricardo Bofill en 1996. Véritable forêt artificielle, l'impressionnante colonnade de sa «façade-filtre» est composée de 823 tiges parallèles très fines qui s'élancent sur 20 mètres de hauteur. Elle forme un péristyle de lumière, «ni opaque, ni transparent», délimitant une «zone d'initiation».

Se référant au théâtre de Shakespeare, les parois latérales de la grande salle de 1500 places semblent habitées grâce à des tours de loges étagées, telles «des bâtiments dans la nuit autour d'une place publique».

La Philharmonie a ouvert ses portes fin juin 2005.

Der **Konzertsaal Großherzogin Josephine-Charlotte**, der Sitz des Luxemburger Philharmonischen Orchesters ist, wurde von dem Pariser Architekten Christian de Portzamparc in Zusammenarbeit mit dem Akustiker Albert Yaying Xu entworfen. Das elliptische Gebäude liegt im Herzen der place de l'Europe, deren neues urbanistisches Konzept 1996 von Ricardo Bofill gestaltet wurde. Die eindrucksvolle, wie ein künstlicher Wald wirkende Säulenreihe seiner „Filterfassade" besteht aus 823 hauchdünnen parallelen Stangen, die sich über 20 Meter Höhe erstrecken. Sie bildet einen Lichtperistil, der „weder undurchsichtig noch transparent" ist und einen „Initiationsbereich" abgrenzt.

Die vom Shakespeare-Theater inspirierten Seitenwände des großen Saals mit 1500 Plätzen scheinen dank der in Etagen angeordneten Logentürme bewohnt zu sein, wie „Gebäude in der Nacht rund um einen öffentlichen Platz herum".

Die Philharmonie wurde Ende Juni 2005 eröffnet.

The **Grand Duchess Josephine-Charlotte concert hall**, home to the Luxembourg Philharmonic Orchestra, was designed by the Parisian architect Christian de Portzamparc in collaboration with the acoustical engineer Albert Yaying Xu. The elliptical building is at the heart of the Place de l'Europe. This district follows a new conception of urban design, formulated by Ricardo Bofill in 1996. The impressive colonnade of the façade, made up of 823 very thin parallel shafts, 20 metres high, gives the impression of an artificial forest. This luminous peristyle, neither "opaque nor transparent" forms an impressive approach to the complex.

As in the theatres of Shakespearean times, boxes rise on the lateral walls of the grand auditorium that seats 1200, resembling buildings around a public square at night.

The concert hall opened at the end of June 2005.

De **Concertzaal Groot-Hertogin Joséphine-Charlotte**, de thuishaven van het Filharmonisch Orkest van Luxemburg, werd ontworpen door de Parijse architect Christian de Portzamparc, in samenwerking met de deskundige in zaalakoestiek Albert Yaying Xu. Het ellipsvormige gebouw ligt midden op de place de l'Europe, het plein waarvan het nieuw stedenbouwkundig concept in 1996 werd bepaald door Ricardo Bofill. De indrukwekkende zuilenrij van de «filter-gevel» is als een heus kunstmatig bos opgevat en bestaat uit 823 zeer ranke stammen die 20 meter hoog reiken. De zuilengalerij die het licht volop vangt, is «niet doorzichtig, maar ook niet ondoorzichtig» en bakent een «inwijdingszone» af.

De drie zijwanden van de grote zaal met 1500 zitplaatsen zijn geïnspireerd op het theater van Shakespeare en lijken door de logetorens in verdiepingen wel bewoond als «gebouwen in de nacht rond een openbaar plein».

De Filharmonie opende de deuren eind juni 2005.

ENTREE 1

◄◄ Le Centre national culturel et sportif – communément appelé «*D'Coque*» à cause de la forme de ses toitures – a ouvert ses portes au début des années 2000. Il s'agit d'un complexe multi-fonctionnel avec centre aquatique, gymnase, centre de conférence, salles polyvalentes ainsi qu'une arène se prêtant aussi bien à des concerts qu'à des événements sportifs de haut niveau. Le site agrémenté d'un plan d'eau traduit la nouvelle politique d'aménagement, à dimension plus humaine, du Kirchberg.

Das nationale Kultur- und Sportzentrum – aufgrund der Form seiner Dächer "*D'Coque*" genannt – öffnete seine Pforten zu Beginn dieses Jahrtausends. Es ist ein multifunktionaler Komplex mit einem Wassersportzentrum, einer Sporthalle, einem Konferenzzentrum, einigen Mehrzweckhallen und einer Arena, die sowohl für Konzerte als auch für große Sportveranstaltungen genutzt werden kann. Die mit einer Wasserfläche versehene Anlage ist ein Beispiel für die neue „humanere" Raumordnungspolitik am Kirchberg.

The National Arts and Sports Centre commonly called "*D'Coque*" or "the hull" because of the shape of its roof, opened in the early 2000's. It is a multi-purpose complex with swimming pools, gymnasium, conference facilities, multi-purpose rooms and an arena that can be used both for concerts and big sports events. The site is embellished by an ornamental pond, part of the new approach to a more human dimension in developing Kirchberg.

Het nationaal cultureel en sportcentrum – in de volksmond "*D'Coque*" genoemd omwille van de vorm van de dakbedekking – ging begin de jaren 2000 open. Het is een multifunctioneel complex met een watersportcentrum, een oefenzaal, een conferentieruimte, polyvalente zalen en ook een arena die zich zowel leent voor concerten als voor sportevenementen van hoog niveau. De site is opgesmukt met een waterpartij en geldt als toonbeeld van de meer mensgerichte inrichting van Kirchberg.

▲ En 1991, la **Deutsche Bank Luxembourg** est la première banque à installer son siège au Kirchberg. Réalisée par l'architecte Gottfried Böhm, elle prend l'aspect d'un château fort cubique de quatre étages. L'intérieur avec son dôme de verre et ses galeries circulaires est aussi aéré et ouvert que l'extérieur est massif.

1991 war die **Deutsche Bank Luxemburg** die erste Bank, die sich auf dem Kirchberg niedergelassen hat. Das vom Architekten Gottfried Böhm geschaffene Gebäude hat das Aussehen einer kubischen Burg mit vier Etagen. Das Innere mit seiner Glaskuppel und seinen kreisförmigen Galerien ist ebenso aufgelockert und offen wie das Äußere massiv ist.

In 1991 the **Deutsche Bank Luxembourg** was the first bank to build its seat at Kirchberg. Designed by the architect Gottfried Böhm it looks like a four-story cubiform fortress. The interior, with its glass dome and circular galleries, is as airy and open as the exterior is massive.

In 1991 is de **Deutsche Bank Luxembourg** de eerste bank die haar zetel vestigt in de wijk Kirchberg. Voor het ontwerp tekende architect Gottfried Böhm, en het ziet eruit als een kubisch fort van vier verdiepingen. Het interieur met zijn glaskoepel en zijn ronde galerijen is even licht en open als de buitenkant massief is.

La **Deutsche Bank** dispose d'une importante collection d'œuvres d'art allemand. Dans son immense hall couvert d'une coupole en verre trône une sculpture en bronze de neuf mètres de haut, pièce de commande réalisée pour l'endroit. Le «Delphi Heliotroph» de A. R. Penck (Dresde, 1939) de 1992-1993, évoque la Pythie de Delphes qui donnait des oracles assise sur un trépied.

Die **Deutsche Bank** besitzt eine große Sammlung an Werken deutscher Kunst. In ihrer enormen, mit einer Glaskuppel bedeckten Halle thront eine neun Meter hohe Bronzeskulptur, die eigens für diesen Ort bestellt wurde. "Delphi Heliotroph" von A. R. Penck (Dresden 1939) von 1992-93 zeigt die Pythia von Delphi, die auf einem Dreifuß sitzend Orakel sprach.

The **Deutsche Bank** has a large collection of German art. A nine-metre tall bronze sculpture, commissioned for this site, stands in the huge, glass-domed hall. The "Delphi Heliotrope" by A. R. Penck (Dresden, 1939) was executed in 1992-93 and represents the Pythia of Delphi who pronounced oracles whilst sitting on a tripod.

De **Deutsche Bank** bezit een indrukwekkende collectie Duitse kunstwerken. In haar immense met een glazen koepel overdekte hal troont een bronzen sculptuur van negen meter hoog, die op bestelling voor die plaats werd gemaakt. De «Delphi Heliotroph» van A. R. Penck (Dresden, 1939) uit 1992-93, beeldt de Pythia van Delphi uit die, op haar drievoet gezeten, haar orakels verkondigt.

KUNDEN

L'immeuble de la **banque LB-Lux** au Kirchberg a été réalisé d'après le projet de 1989 de Wilhelm Kücker (Berlin/Munich) et Klaus Freudenfeld. Les architectes utilisent la pierre, l'acier, le verre et le bois selon ce principe : «associer des éléments contrastés, originaux mais pas nécessairement cohérents». L'intérieur s'ouvre sur un atrium quadrangulaire en retrait, sous une verrière en forme de voûte. Il renferme tout un réseau de passerelles et de rampes d'escalier qui, tout comme l'intérieur de la Deutsche Bank, rappelle les gravures des *Carceri* de Piranèse.

Das Gebäude der **Bank LB-Lux** auf dem Kirchberg ist nach dem Entwurf von Wilhelm Kücker (Berlin/München) und Klaus Freudenfeld von 1989 gebaut worden. Die Architekten verwenden Stein, Stahl, Glas und Holz nach dem Prinzip der Verbindung kontrastierender, origineller, aber nicht notwendigerweise kohärenter Elemente. Das Innere öffnet sich zu einem zurückspringenden viereckigen Atrium unter einem gewölbten Glasdach. Es enthält ein ganzes Netz von Stegen und Treppengeländern, das – ebenso wie das Innere der Deutschen Bank – an die Gravuren der *Carceri* von Piranese erinnert.

The **LB-Lux Bank** at Kirchberg was constructed following in 1989 plans of Wilhelm Kücker (Berlin/Munich) and Klaus Freudenfeld. The architects employed stone, steel, glass and wood according to the principle of "associating contrasting and original elements that are not necessarily homogenous". The interior opens onto a square. set-back atrium with a vaulted sky light. Like the Deutsche Bank it contains a network of staircases and walkways, recalling the engravings of the *Carceri* of Piranesi.

Het gebouw van de **LB-Lux bank** op de Kirchberg werd in 1989 ontworpen door Wilhelm Kücker (Berlijn/Munchen) en Klaus Freudenfeld. De architecten gebruiken steen, staal, glas en hout volgens dit principe : «contrasterende, originele maar niet noodzakelijk coherente elementen gebruiken». Het interieur gaat open op een achterliggend vierkant atrium, onder een gewelfde glaskoepel. Het omvat een heel netwerk van loopbruggen en trapleuningen die, net zoals het interieur van de Deutsche Bank, doen denken aan de etsen van de *Carceri* van Piranesi.

Page de gauche

Le siège de la **banque HVB Luxembourg** fut réalisé au Kirchberg en 1993 d'après les plans de Richard Meier, architecte américain mondialement reconnu. L'élégant escalier hélicoïdal qui dessert les étages de l'atrium *(en haut et en bas à droite)* est mis en scène comme une véritable sculpture; il n'est pas sans rappeler l'escalier Renaissance au Musée national d'Histoire et d'Art (page 89). Non loin, un robot traîne dans un chariot ses propres pièces de rechange, signe de sa fragilité; il est l'œuvre du coréen Nam Juk Paik.

Ci-dessus

Œuvre de l'architecte Pierre Bohler qui a réalisé au Kirchberg l'Hémicycle ainsi que le bâtiment administratif du Parlement européen, la **Banque Générale du Luxembourg** (1995) adopte la forme symbolique d'un énorme X multiplicateur. Les vastes jardins dessinés par le paysagiste belge Jacques Wirtz se veulent créer «au cœur de la ville un espace privilégié, fait d'harmonie et de sérénité. Un espace unique au Kirchberg qui contribuera à modifier de façon importante et durable toute l'atmosphère du quartier».

Linke Seite

Der Sitz der **HVB Bank Luxemburg** auf dem Kirchberg wurde 1993 nach den Plänen des weltbekannten amerikanischen Architekten Richard Meier gebaut. Die elegante Wendeltreppe, die zu den Etagen des Atriums *(oben und unten rechts)* führt, wird wie eine Skulptur in Szene gesetzt und erinnert an die Renaissance-Treppe im Nationalmuseum für Geschichte und Kunst (Seite 89). Nicht weit davon entfernt zieht ein Roboter als Zeichen seiner Zerbrechlichkeit seine eigenen Ersatzteile in einem Karren hinter sich her. Er ist ein Werk des Koreaners Nam Juk Paik.

Oben

Die **Generalbank Luxemburg** (1995), ein Werk des Architekten Pierre Bohler, der auf dem Kirchberg sowohl das Hémicycle als auch das Verwaltungsgebäude des Europaparlaments entworfen hat, weist die symbolische Form eines riesigen X auf. Die von dem belgischen Landschaftsbauer Jacques Wirtz angelegten weitläufigen Gärten sollen „einen bevorzugten Ort der Harmonie und Heiterkeit im Herzen der Stadt schaffen. Eine einzigartige Anlage auf dem Kirchberg, die zu einer dauerhaften Veränderung der Atmosphäre des Viertels beitragen wird."

Page left

Richard Meier, an internationally renowned architect, designed the plans for the **HVB Luxembourg Bank** headquarters, built at Kirchberg in 1993. The elegant spiral staircase connecting the stories of the atrium *(Right, above and below)* is a real sculpture in itself. It rather resembles the Renaissance staircase in the National Museum of History and Art, shown on page 89. Close by, a robot drags its own spare parts in a wagon, a sign of its fragility. It is the work of the Korean, Nam Juk Paik.

Above

Pierre Bohler, the architect who built the Chamber and the administration building of the European Parliament at Kirchberg, designed the **General Bank of Luxembourg** (1995) in the form of an X, the mathematical symbol for multiplication. The spacious gardens designed by the Belgian landscape architect Jacques Wirtz were conceived to create "a special place in the heart of the city, both harmonious and serene; an area unique to Kirchberg that will have an important and enduring influence on the ambiance of the district".

Pagina links

De zetel van de **HVB Luxembourg** bank werd op de Kirchberg opgetrokken in 1993, op basis van de plannen van Richard Meier, Amerikaans architect met wereldfaam. De sierlijke wenteltrap die de verdiepingen van het atrium aandoet *(boven en onder rechts)*, is als een heuse sculptuur opgevat ; hij doet onverrichterzake denken aan de renaissancetrap in het Musée national d'Histoire et d'Art (pagina 89). Iets verder trekt een robot in een kar zijn eigen onderdelen mee, als teken van zijn kwetsbaarheid; dit is een werk van de Koreaan Nam Jun Paik.

Hierboven

De **Banque Générale du Luxembourg** (1995) werd uitgevoerd in de symbolische vorm van een enorm uitvergroot vermenigvuldigingsteken X. Dit is het werk van architect Pierre Bohler, die ook tekende voor de Hémicycle' van de Kirchberg en voor het administratief gebouw van het Europees Parlement. De uitgestrekte tuinen, van de hand van de Belgische landschapsarchitect Jacques Wirtz, zijn bedoeld als «een bevoorrechte plek in het hart van de stad, die harmonie en rust uitstraalt. Een unieke ruimte in Kirchberg, die een bijdrage zal leveren om de hele sfeer van de wijk ingrijpend en blijvend te veranderen.»

Trois générations de bâtiments servant à l'administration européenne se trouvent réunies ici. La tour surnommée le *«Heichhaus»* (le «gratte-ciel», *à droite*), de 1964, haute de 82 mètres, abrite le centre de conférence. Le bâtiment Robert Schuman *(au centre)* est occupé par le Secrétariat Général du Parlement européen, l'hémicycle des années 70 *(à gauche)*, affublé par les Luxembourgeois du sobriquet de *«Klenge Kueb»* (le petit corbeau), destiné à accueillir les sessions spéciales du Parlement de Strasbourg. Enfin, les deux tours cubiques de Ricardo Bofill, du début des années 2000.

Plusieurs **institutions européennes** ont établi leur siège au Kirchberg, notamment le Sécrétariat général du Parlement européen, la Cour de Justice et la Cour des Comptes. Plus de 9000 fonctionnaires de l'Union européenne y travaillent.

Hier sind drei Generationen von Gebäuden vereint, die von der europäischen Verwaltung genutzt werden. Der 82 Meter hohe Turm mit dem Beinamen *'Heichhaus'* (der 'Wolkenkratzer', *rechts*) aus dem Jahr 1964 beherbergt das Konferenzzentrum. Das Robert Schuman-Gebäude *(in der Mitte)* wird vom Generalsekretariat des Europäischen Parlaments genutzt, während das Halbrund aus den 70er Jahren *(links)*, das von den Luxemburgern den Spitznamen *'Klenge Kueb'* (kleiner Rabe) erhalten hat, für Sondersitzungen des Parlaments von Straßburg verwendet werden soll. Schließlich gibt es noch die beiden eckigen Türme von Ricardo Bofill von Anfang dieses Jahrtausends

Mehrere **europäische Institutionen** haben ihren Sitz auf dem Kirchberg, insbesondere das Generalsekretariat des Europäischen Parlaments, der Gerichtshof und der Rechnungshof. Über 9.000 Beamte der Union arbeiten dort.

Three generations of buildings serving the European administration are found here. The tower nicknamed the *'Heichhaus'* or 'skyscraper' *(right)* of 1964 holds 22 stories and is 82 metres high, housing the conference centre. The Robert Schuman building *(centre)* is occupied by the General Secretariat of the European Union. The semicircular building of the 70s *(left)* was given the fanciful name of *'Klenge Kueb"* or 'little crow' by the Luxembourgers and is devoted to special sessions of the Parliament of Strasbourg. The two square towers by Ricardo Bofill date from 2000

A number of other **European institutions** have their seats at Kirchberg, notably the General Secretariat of the European Parliament, the Court of Justice and the Audit Office. More than 9000 European Union civil servants work in these institutions.

Drie generaties gebouwen die dienden voor de Europese administratie staan hier samen. De toren, bijgenaamd *«Heichhaus»* (de «wolkenkrabber», *rechts*), uit 1964, is 82 meter hoog en telt 22 verdiepingen. Hij huisvest het conferentiecentrum. Het Robert Schuman gebouw *(in het midden)* is betrokken door het Secretariaat-Generaal van het Europees Parlement. Het halfrond uit de jaren 70 *(links)*, dat de Luxemburgers ietwat smalend *«Klenge Kueb»* noemen (de kleine raaf), is bestemd voor de bijzondere zittingen van het Parlement van Straatsburg. En dan zijn er natuurlijk nog de vierkante torens van Ricardo Bofill uit 2000.

Een aantal **Europese instellingen** vestigden hun zetel op de Kirchberg, zoals het Secretariaat-Generaal van het Europees Parlement, het Hof van Justitie en het Rekenhof. Er werken meer dan 9000 ambtenaren van de Europese Unie.

Luxembourg au vert
Das grüne Luxemburg

Luxembourg est dotée d'une ceinture verte, véritable zone de récréation écologique. Des parcs et promenades publics furent aménagés sur les anciennes fortifications démantelées à partir de 1867. Au-delà, les forêts communales, notamment le Baambësch et la forêt de Hamm, recouvrent près de 1000 hectares, composées pour deux tiers d'arbres feuillus autochtones et pour un tiers de résineux introduits au XIXe siècle.

Les arbres âgés prédominent. Ils remontent aux premières plantations après la fin de la forteresse, qui avait laissé les alentours de Luxembourg fort déboisés.

Luxemburg besitzt einen Grüngürtel, der ein regelrechtes ökologisches Erholungsgebiet ist. Auf den ab 1867 geschleiften ehemaligen Befestigungen wurden öffentliche Parks und Spazierwege angelegt. Darüber hinaus erstrecken sich die Gemeindewälder – der Baambësch und der Wald von Hamm – auf rund 1.000 Hektar. Sie bestehen zu zwei Dritteln aus einheimischen Laubbäumen und zu einem Drittel aus im 19. Jahrhundert eingeführten Nadelhölzern.

Der alte Baumbestand überwiegt. Er geht auf die ersten Pflanzungen nach dem Ende der Festung zurück, die die Umgebung von Luxemburg in stark abgeholztem Zustand zurückgelassen hatte.

Luxembourg in Green
Luxemburg in het groen

Luxembourg is blessed with a greenbelt, a truly ecological leisure area. Public parks and promenades were created on the site of the old fortifications, demolished after 1867. Farther on, the forests of Baambësch (669 hectares) and the forest of Hamm (199.34 hectares) cover nearly 1000 hectares of which two thirds are native deciduous trees and the other third are conifers introduced in the 19th century.

The oldest trees predominate, dating from the first plantations after the end of the fortress that had left the areas around Luxembourg largely deforested.

Luxemburg heeft een groene ring, een onvervalste zone voor milieuvriendelijke recreatie. Op de oude versterkingen die vanaf 1867 werden ontmanteld, werden parken en wandelpaden aangelegd. Verder strekken zich de gemeentelijke bossen – het Baambësch (669 ha) en het woud van Hamm (199,34 ha) – uit, die nagenoeg 1000 hectare beslaan. Ze bestaan voor twee derde uit inheemse loofbomen en voor een derde uit harsbomen die in de 19de eeuw werden ingevoerd.

De oude bomen overheersen. Ze gaan terug tot de eerste aanplantingen na het einde van het fort, dat de omgeving van Luxemburg erg ontbost achterliet.

L'architecte-paysagiste parisien Edouard André fut sollicité en 1871 afin de créer une «promenade continue et pittoresque» qui ferait le tour de la ville en passant par la Pétrusse et l'Alzette. La «**couronne verte**» fut achevée sur le front de la plaine à l'ouest en 1878. Avec ce parc municipal d'une vingtaine d'hectares, Luxembourg suivait la mode des embellissements parisiens et évitait en même temps une chute libre des prix de l'immobilier consécutive à la mise brutale sur le marché des terrains libérés par la démolition des fortifications. Une étape-clé de ce projet fut l'inauguration en 1876 de la statue érigée en l'honneur de la princesse Amélie de Saxe-Weimar (+1872) qui s'était engagée à assurer l'indépendance du pays en 1867. La forme de la petite esplanade entourant le monument fut dictée par l'excavation laissée par la destruction du fort Marie.

Der Pariser Landschaftsarchitekt Edouard André wurde 1871 mit der Anlage eines fortlaufenden und malerischen Spazierwegs beauftragt, der um die Stadt herumlaufen und über Petruss und Alzette gehen sollte. Der **Grüngürtel** wurde an der Stirnseite der Ebene im Westen 1878 vollendet. Mit diesem rund 20 Hektar großen Stadtpark folgte Luxemburg der Mode der Pariser Verschönerungen und verhinderte gleichzeitig einen freien Fall der Immobilienpreise infolge des plötzlichen Angebots von Grundstücken, die durch den Abbruch der Festungsanlagen frei geworden waren. Eine wichtige Etappe dieses Projekts war im Jahr 1867 die Einweihung der Statue, die errichtet worden war zu Ehren der Prinzessin Amalia von Sachsen-Weimar (+1872), welche sich 1867 für die Unabhängigkeit des Landes eingesetzt hatte. Die Form der das Monument umgebenden kleinen Esplanade wurde durch die bei der Zerstörung des Fort Marie verbleibende Vertiefung geprägt.

In 1871 the Parisian landscape architect E. André was engaged to lay out a "long and picturesque promenade" that would go around the city passing by the Pétrusse and the Alzette. The "**green crown**" was terminated in 1878 in front of the plain to the west. This twenty-hectare municipal park followed the Parisian mode of urban beautification. At the same time it prevented a possible collapse of property values due to the sudden availability on the market of land freed by the demolition of the fortifications. One of the most important steps in this project was the dedication in 1876 of a statue honoring Princess Amelia of Saxe-Weimar who had supported the independence of the country in 1867.The shape of the little esplanade around the statue was dictated by the hollow left when Fort Marie was demolished.

In 1871 werd de Parijse landschapsarchitect E. André in de arm genomen om een «doorlopende en schilderachtige promenade» aan te leggen die rond de stad zou gaan, langs de Pétrusse en de Alzette. De «**groene kroon**» werd voltooid aan de voorzijde van de vlakte ten westen, in 1878. Met dit gemeentepark van een twintigtal hectare volgde Luxemburg de mode van de Parijse verfraaiingen en vermeed tegelijkertijd dat de vastgoedprijzen een duik zouden nemen toen er na de afbraak van de versterkingen plots zoveel grond op de markt kwam. Een kernfase in dit project was de inhuldiging in 1876 van het standbeeld dat werd opgetrokken ter ere van prinses Amelia van Saksen-Weimar (+1872) die zich inzette voor de onafhankelijkheid van het land in 1867. De vorm van de kleine esplanade die rond het monument loopt, werd ingegeven door de uitgraving na de afbraak van het fort Marie.

KIL

Page de gauche
La **chapelle Saint-Quirin** a été aménagée dans une grotte naturelle, près d'une source dont l'eau était considérée comme remède contre les maladies des yeux et de la peau. Elle aurait été dotée de sa façade gothique en 1355 par les chevaliers de l'Ordre Teutonique. L'architecte Charles Arendt, sous le charme de cette situation particulièrement pittoresque, a restauré la chapelle en 1884-1885.

Page 197 à 199
La profonde **vallée de la Pétrusse**, richement boisée, est un véritable poumon au sein de la ville. Bordée de fortifications, de pentes escarpées ou de falaises à pic, ponctuée de quelques maisons éparses, elle est un lieu de promenade privilégié.

Depuis 1903, elle est enjambée par la grande arche du pont Adolphe, considéré au début du XXe siècle comme l'une des principales attractions touristiques de la ville.

Linke Seite
Die **Kapelle St. Quirinus** wurde in einer natürlichen Grotte in der Nähe einer Quelle eingerichtet, deren Wasser als Heilmittel gegen Augen- und Hautkrankheiten betrachtet wurde. Ihre gotische Fassade soll sie 1355 von den Rittern des Deutschen Ordens erhalten haben. Der Architekt Charles Arendt, der von dieser ausgesprochen malerischen Lage fasziniert war, hat die Kapelle von 1884-1885 restauriert.

Seite 197 bis 199
Das reich bewaldete **Petruss-Tal** ist die grüne Lunge der Stadt. Das von Festungen, steilen Abhängen oder schroffen Felswänden gesäumte Tal, in dem sich einige zerstreute Häuser befinden, ist ein beliebter Ort für Spaziergänge.

Seit 1903 wird es vom großen Bogen der Adolf-Brücke überspannt, die zu Beginn des 20. Jahrhunderts als eine der touristischen Hauptattraktionen der Stadt galt.

Left page
Saint Quirin's chapel stands in a natural grotto near a spring whose waters were thought to be a remedy for eye and skin diseases. The Teutonic Knights gave it a Gothic façade in 1355. The architect Charles Arendt who fell under the spell of this highly picturesque setting, restored the chapel in 1884-1885.

Page 197 to 199
The heavily wooded, deep **Valley of the Pétrusse** is a true lung in the heart of the city. Edged by walls with steep slopes or sheer cliffs and only a few scattered houses, it offers wonderful walks.

Since 1903 the Adolphe Bridge, one of the main tourist attractions of the city in the early 20th century, has spanned it.

Links
De **kapel van Sint-Quirinus** werd ingericht in een natuurlijke grot, bij een bron waarvan het water werd beschouwd als een remedie tegen oog- en huidziektes. De gotische gevel zou dateren uit 1355 en het werk zijn van de ridders van de Teutonische Orde. Architect Charles Arendt, die bekoord werd door deze zeer aantrekkelijke ligging, restaureerde de kapel in 1884-1885.

Pagina 197 tot 199
De diepe **vallei van de Pétrusse** is sterk bebost en een heuse long in de stad. Ze is omrand door versterkingen, door steile hellingen of kliffen, met hier en daar een huis, en is een lust voor wandelaars.

Sinds 1903 is ze overspannen door de grote boog van de Adolphe brug, die in het begin van de twintigste eeuw werd beschouwd als één van de belangrijkste toeristische bezienswaardigheden van de stad.

À son entrée dans la ville, la **vallée de la Pétrusse** ne présente pas encore de pentes raides. Les berges de la rivière étaient encore à l'état sauvage en 1933 avant que son lit ne soit bétonné. Les potagers aménagés en terrasses et exposés au midi alimentaient autrefois le marché de la place Guillaume. Au sud, le boulevard de la Pétrusse délimite le plateau Bourbon; parmi ses maisons de maître, en grande partie du début du XXe siècle, la villa Pauly avec ses tours d'angles (1923, *à droite*) fut de 1940 à 1944 le quartier général de la Gestapo. Elle héberge aujourd'hui le Centre de documentation et de recherche sur la Résistance.

An seinem Eingang in die Stadt weist das **Petruss-Tal** noch keine Steilhänge auf. Die Steilufer des Flusses waren 1933, ehe sein Bett betoniert wurde, noch in ihrem ursprünglichen Zustand. Die nach Süden ausgerichteten, in Terrassen angelegten Gemüsegärten versorgten früher den Markt der Place Guillaume. Im Süden grenzt der Boulevard de la Pétrusse das Bourbon-Plateau ab. Zu seinen Herrenhäusern, die zu einem großen Teil aus dem Anfang des 20. Jahrhunderts stammen, zählt die Villa Pauly mit ihren Ecktürmen (1923, *rechts*), die von 1940 bis 1944 Hauptquartier der Gestapo war. Heute beherbergt sie das Dokumentations- und Forschungszentrum über den Widerstand.

When entering the city the **valley of the Pétrusse** does not yet have steep slopes. The banks of the river still had wild growth in 1933 before the riverbed was covered with concrete. Terraced vegetable gardens with southern exposure used to supply the market on Place Guillaume. The Boulevard de la Pétrusse forms the southern limit of the Bourbon plateau Among the early 20th century mansions lining it, the villa Pauly with its corner turrets, built in 1923 *(right)* was Gestapo Headquarters from 1940 to 1944. Today it is a research and documentation centre dealing with the Resistance.

Aan de ingang van de stad heeft de **vallei van de Pétrusse** nog geen steile hellingen. De bermen van de rivier waren in 1933 nog in ongerepte staat alvorens het rivierbed gebetonneerd werd. De moestuinen die als terrassen werden aangelegd, bevoorraadden vroeger de markt op de place Guillaume. In het zuiden bakent de boulevard de la Pétrusse het plateau Bourbon af . Tussen de meesterwoningen, die grotendeels zowat honderd jaar oud zijn, prijkt de villa Pauly met haar hoektorens (1923, *rechts*) die van 1940 tot 1944 het hoofdkwartier van de Gestapo was. Ze huisvest nu het Documentatie- Onderzoekcentrum van de Weerstand.

Ci-dessus et double page suivante

Sur la pointe du **rocher de Weimershof**, dans un bois de pins et de chênes au sein du vaste domaine du Grand Séminaire, saint Joseph veille depuis 1888 sur le faubourg de Clausen qui s'étend à ses pieds. Au sud, on entr'aperçoit le plateau d'Altmünster et au loin s'offre le panorama de la ville.

Le rocher surplombe, vers le nord, les ruines du château «La Fontaine» du comte de Mansfeld. Le nom du site, *«Am Deieregaart»*, nous rappelle qu'il faisait partie au XVIe siècle de la réserve de chasse de Mansfeld. Comme celui-ci avait érigé son château dans l'ancienne chasse des comtes de Luxembourg, il avait étendu son domaine de chasse à cette «Hauteur du Parc», qui ne fut fortifiée qu'en 1864-65. Il s'agit en quelque sorte du plus ancien parc de la ville.

Oben und nächste Doppelseite

Auf der Spitze des **Felsens von Weimershof** in einem Pinien- und Eichenwald innerhalb des großen Besitzes des Grand Séminaire wacht der Heilige Josef seit 1888 über die Vorstadt Clausen, die sich zu seinen Füßen erstreckt. Im Süden sieht man das Plateau von Altmünster, während in der Ferne das Stadtpanorama zu erkennen ist.

Der Felsen überragt nach Norden hin die Ruinen des Schlosses 'La Fontaine' des Grafen von Mansfeld. Der Name des Ortes *'Am Deieregaart'* erinnert daran, dass er im 16. Jahrhundert Teil der Jagdreserve von Mansfeld war. Da dieser sein Schloss auf dem alten Jagdgrund der Grafen von Luxemburg errichtete, erweiterte er sein Jagdareal um diese Anhöhe des Parks, die erst 1864-65 befestigt worden war. Es handelt sich in gewisser Weise um den ältesten Park der Stadt.

Above and next double page

Saint Joseph, standing on the tip of the **Weimershof rock,** in a pine and oak wood within the huge domain of the Grand Seminary, has watched over the Clausen suburb, lying below, since 1888. To the south one perceives the Altmünster plateau and far in the distance a panorama of the city. To the north, the rock hangs over the ruins of the la Fontaine château of Count Mansfeld.

The name of the site – *'Am Deieregaart'* – indicates that it was part of the hunting preserve of the Count in the 16th century. When he built his château in the former preserve of the Counts of Luxembourg he extended his preserve to the "Heights of the Park" that were only fortified in 1864-1865. In a certain sense, it is the oldest park in the city.

Hierboven en volgende dubbele bladzijde

Op de spits van de **rots van Weimershof**, in een bos van pijnbomen en eiken op het grote domein van het Groot-Seminarie, waakt de heilige Jozef sinds 1888 over de voorstad Clausen, die zich aan zijn voeten uitstrekt. In het zuiden is de hoogvlakte van Altmünster te bemerken en in de verte streelt het panorama van de stad de ogen. De rots torent, noordwaarts, uit over de ruïnes van het kasteel «la Fontaine» van de graaf van Mansfeld.

De naam van de site, «*Am Deieregaart*», herinnert eraan dat ze in de zestiende eeuw deel uitmaakte van het jachtreservaat van Mansfeld. Gezien deze zijn kasteel optrok in het oude reservaat van de graven van Luxemburg, breidde hij meteen zijn eigen jachtreservaat uit tot deze «Hauteur du Parc» die pas in 1864-65 werd versterkt. Het betreft in zekere zin het oudste park van de stad.

Page 206 à 209

La verdoyante **vallée de l'Alzette près de Hamm** et les bois alentours forment un lieu de promenade privilégié à trois kilomètres à peine du centre-ville, notamment sur la hauteur du «Verlorenkost» *(ci-dessus)* et les quelque 200 ha de forêt près du «Gantebeensmillen» *(double page suivante)*.

La vallée était jadis animée d'une intense activité industrielle et artisanale. Cinq moulins y étaient implantés, entre autres les «Polfermillen» *(en bas)*, «Schläifmillen» *(page de droite à l'arrière-plan)* et «Gantebeensmillen». À partir de 1835, ils furent réunis pour former les Draperies de Luxembourg; à l'apogée de cette industrie, 800 personnes y travaillèrent, qui n'étaient plus que 190 en 1939. Les moulins furent finalement abandonnés.

Les lavoirs publics *(page de droite)* nous sont familiers de l'architecture rurale du XIXe siècle mais ils se rencontraient aussi aux abords de la ville, tel celui de Hamm voisin du *Schläifmillen* le long de l'Alzette. Le linge était emmené en charrette au bassin abrité, les draps et le linge blanc étaient ensuite étendus sur la pelouse et arrosés régulièrement afin qu'ils blanchissent sous l'action du soleil.

Seite 206 bis 209

Das grüne **Alzettetal bei Hamm** und die Wälder in der Umgebung – nur drei Kilometer vom Stadtzentrum entfernt – sind ein beliebtes Ausflugsziel für Spaziergänger, insbesondere auf der Höhe des „Verlorenkost" *(oben)* und in den ca. 200 ha großen Wäldern bei der Gantenbeinsmühle *(nächste Doppelseite)*.

In dem Tal lag früher das Zentrum der Industrie und des Handwerks. Hier standen fünf Mühlen, darunter die Pulvermühle *(unten)*, die Schleifmühle *(rechte Seite im Hintergrund)* und die Gantenbeinsmühle. Sie wurden nach 1835 zu den „Draperies de Luxembourg" (Tuch- und Stofffabrik) zusammengefasst. In der Blütezeit dieses Industriezweigs arbeiteten hier 800 Menschen; 1939 waren es nur noch 190. Schließlich wurden die Mühlen aufgegeben.

Öffentliche Waschhäuser *(rechte Seite)* sind uns von der ländlichen Architektur des 19. Jh. vertraut, aber sie befanden sich auch am Stadtrand, wie beispielsweise in Hamm neben der *Schleifmühle* an der Alzette. Die Wäsche wurde in Karren zu dem geschützten Becken gefahren. Laken und Weißwäsche wurden anschließend auf der Wiese ausgebreitet und regelmäßig befeuchtet, damit sie in der Sonne ausblichen.

Pages 206 to 209

Barely three kilometres from the centre of the city, the verdant **valley of the Alzette near Hamm** and the surrounding woods provide pleasant walks, particularly on the heights of "Verlorenkost" *(page left)* and the roughly 200 hectares of forest near "Gantebeensmillen" *(next double page)*.

The valley was once a hotbed of industry and crafts. There were five mills, notably the "Polfermillen" *(page left, below)*, the "Schläifmillen" *(above, background)* and "Gantebeensmillen". In 1835 they were combined to form the Draperies de Luxembourg, cloth manufacturers. At its height the industry employed 800 workers. In 1939 there were only 190 employees. The mills were eventually shut down.

We are familiar with the architecture of the rural public washhouses of the 19th century, but they were also found near the city such as this one in Hamm *(above and right)* near the *Schläifmillen* on the Alzette. Linen was carted to the sheltered basin and then the sheets and whites were spread on the grass and sprinkled regularly so the sun could bleach them.

Pagina 206 tot 209

De groene **vallei van de Alzette bij Hamm** en de bossen rondom zijn een uitgelezen plek om te wandelen, op amper drie kilometer van de stadskern, en dan vooral op de hoogte van Verlorenkost *(linkerbladzijde)* en in de zowat 200 ha bos bij *Gantebeensmillen (volgende dubbele pagina)*.

De vallei was eertijds een bedrijvig industrieel en ambachtelijk centrum. Er waren vijf molens gevestigd, onder meer de *Polfermillen (pagina links, onderaan)*, de *Schläifmillen (hierboven op de achtergrond)* en de Gantebeensmillen. Vanaf 1835 worden ze samengevoegd tot de «Draperies de Luxembourg»; op het hoogtepunt van deze lakenindustrie werkten er 800 mensen. In 1939 was dit aantal geslonken tot 190. Uiteindelijk vielen de molens stil.

De openbare wasplaatsen *(hierboven en tegenover)* zijn ons bekend uit de negentiende-eeuwse muurarchitectuur, maar ze waren vooral te vinden aan de rand van de stad, zoals deze van Hamm in de buurt van de *Schläifmillen*, langs de Alzette. Het linnengoed werd met de kar naar het wasbekken gebracht, de lakens en het witgoed werden daarna uitgespreid op het gras en geregeld besproeid om mooi wit te worden onder de zon.

Au Nord de Luxembourg s'étend le plus important domaine forestier de la ville, le ***Baambësch*** (669 ha). Il est déjà mentionné dans la charte d'affranchissement de 1244, lorsque la comtesse Ermesinde accorda aux bourgeois le droit de pacage et d'affouage dans ces bois. Il est encore parsemé de nombreuses bornes de délimitation de la Justice de Luxembourg, qui y furent disposées après la nouvelle fixation des limites de 1773.

Si la forêt eut à souffrir des sièges au cours desquels les armées ennemies s'y servaient en bois, elle faillit surtout ne pas survivre à l'usage excessif des habitants. Elle devait non seulement fournir le bois de chauffage, servir au pacage et à la glandée des porcs mais, en plus, on lui soutirait des quantités toujours plus importantes de charbon de bois pour l'industrie sidérurgique naissante installée à Dommeldange et à Eich. Lorsque le dernier haut-fourneau au charbon de bois s'éteignit en 1874, un quart des arbres avaient disparu. L'épicéa connut alors son essor lors du reboisement.

L'importance de la forêt communale est aujourd'hui surtout écologique. Elle attire un nombre sans cesse croissant d'habitants en quête de loisirs à proximité immédiate de la ville. Ce qui nécessite une infrastructure adaptée.

Im Norden Luxemburgs befindet sich das größte Waldgebiet der Stadt, der ***Baambësch*** (669 ha). Er wird bereits in der Befreiungsurkunde von 1244 erwähnt, als Gräfin Ermesinde den Bürgern das Recht gewährte, in diesen Wäldern Holz zu schlagen und Vieh weiden zu lassen. Er ist immer noch mit unzähligen Grenzsteinen der Luxemburger Justiz übersät, die nach der Neufestlegung der Grenzen von 1773 aufgestellt worden waren.

Der Wald hat unter den Belagerungen, in deren Verlauf sich die feindlichen Armeen mit Holz eindeckten, zwar sehr gelitten, aber vor allem seine übermäßige Ausbeutung durch die Einwohner hätte er beinahe nicht überlebt. Er lieferte nicht nur das Holz zum Heizen, sondern diente auch als Weidefläche und zur Schweinemast. Schließlich wurden in ihm sogar immer größere Mengen Holzkohle für die aufkeimende Stahlindustrie in Dommeldange und Eich gewonnen. Als der letzte Holzkohlehochofen 1874 still gelegt wurde, war ein Viertel der Bäume verschwunden. Der Wald wurde mit Fichten wieder aufgeforstet.

Das Waldgebiet hat heute in erster Linie ökologische Bedeutung. Es lockt immer mehr Einwohner auf der Suche nach Naherholungsgebieten aus der Stadt an, was eine entsprechende Infrastruktur erforderlich macht.

The most important forest in Luxembourg, the 669-hectare forest of ***Baambësch*** is found to the north of the city. It was already mentioned in the Charter granted by Countess Ermensinde in 1244, giving the burghers the rights of pasturage and woodcutting in this forest. It is still sprinkled with the many markers of the Justice of Luxembourg City, fixing new limits that were established in 1773.

Even though the forest suffered greatly during the sieges when enemy troops used the wood, it nearly perished because of the citizens themselves. The forest not only had to provide firewood for the city, it was also used as pasturage for cattle and for pigs searching for mast but huge quantities of charcoal were made there for the burgeoning steel industry at Dommeldange and Eich. Fortunately, the last blast furnace using charcoal shut down in 1874. A quarter of the trees had disappeared and the spruce was introduced during a program of reforestation.

Nowadays it is not the economic importance of municipal forests that count the most but their ecological attributes. Over the last thirty years this forest, mainly of beech and hundred-year old oaks, has attracted more and more citizens seeking relaxation and leisure activities near the city. This has necessitated the creation of an important support structure.

In het noorden van Luxemburg strekt zich het grootste bosdomein van de stad uit, het ***Baambësch*** (669 ha). Het wordt al vernoemd in het vrijmakingshandvest van 1244, wanneer gravin Ermesinde de burgers het recht verleent om in deze bossen te kappen en dieren te laten grazen. Het is nog bestrooid met tal van palen die het rechtsgebied van de Luxemburgse Justitie afbakenden toen in 1773 de nieuwe grenzen werden getrokken.

Uiteraard had het woud te lijden onder de belegeringen, als houtvoorraad voor de vijandige legers. Maar het bezweek vooral bijna onder het overmatig gebruik door de bewoners. Niet alleen moest het hout voor de verwarming leveren en dienen als weidegrond voor de varkens, maar er werden ook alsmaar grotere hoeveelheden houtskool weggehaald voor de opkomende metaalverwerkende industrie in Dommeldange en in Eich. Wanneer de laatste hoogoven op houtskool wordt gedoofd in 1874, was een kwart van de bomen al verdwenen. Bij de latere herbebossing gaat er een hoofdrol naar de spar.

Het gemeentelijk woud is vandaag vooral ecologisch van belang. Het trekt alsmaar meer inwoners aan die er vlakbij de stad wat komen ontspannen. Wat natuurlijk een aangepaste infrastructuur vraagt.

VINCENT MERCKX
EDITIONS

Avenue des Statuaires 145A, B-1180 Bruxelles
✆ +32/2/374.41.56 • Fax +32/2/375.80.37
info@merckxeditions.com
www.merckxeditions.com

Deutsche Übersetzung
& Nederlandse bewerking DSDB
English translation Sheila Tessier-Lavigne
Photoengraving Steurs
Printing DeckersSnoeck

D-2005-0398-42
ISBN 90-74847-42-0